交 界 译 丛

极端主义

Extremism

〔美〕J. M. 伯杰 著

黄 屏 译

Extremism by J. M. Berger

Cambridge, MA: MIT Press, 2018

© 2018 Massachusetts Institute of Technology

中文版译自麻省理工学院出版社2018年版

中译本序言

在《极端主义》翻译和出版的过程中，一些所谓的"极端主义"事件也正在发生，不时见于新闻头条，并即刻凝结为历史：特朗普败选，他的极端支持者们冲击国会山；美军从阿富汗撤军，宗教极端主义势力塔利班卷土重来；在简体中文的互联网世界，批评"极端女权"的声音也不绝于耳……但到底，什么是极端主义呢？极端主义给我们的印象往往有三种：第一种是偏离常识、偏离主流的过激言行，尤其是那些打破法律、诉诸暴力的行为（如特朗普的支持者们）；第二种多与宗教同时出现；第三，在日常生活中，这似乎是一个贬义词，尤其适合为你不喜欢的人或事扣上的高帽子，犹如口袋罪一般（如"极端女权"）。

那么，这些就是极端主义的全部含义吗？或者说，"极端主义"这个概念，真的有助于我们理解上述现象吗？还是说，满足于一个模模糊糊的定义就够了？回顾历史，延伸开去，我们可以再问问，实施种族灭绝的纳粹、对黑人处以私刑的3K党属于极端主义吗？极端主义对当代人来说，还是一个严肃的问题或正在蔓延的危机吗？

如果极端主义是潜伏于现时代的危机，那我们就不得不试图去识别和处理它；如果极端主义是一桶被用于污名化异己的脏水，那我们也不得不为之正名。《极端主义》逻辑严谨、脉络清晰，又简明通俗地给出了极端主义的完整定义，它吹散了关于这个概念的所有模糊不清的迷雾，清理出了一个稳固的地基，并且给出了一个清晰的框架。同时，它也犹如一面镜子，不仅照出他人身上的极端主义，也能反映出我们每个人心中可能潜伏着的极端主义倾向。

这个稳固的地基，便是对极端主义的清晰定义。"极端主义指的是这样一种信念，即内群体的成功与续存，与对外群体采取敌对行动的需要总是密不可分。敌对行动必须是内群体所定义的成功的一部分。敌对行动的范围可以从口头攻击和贬低到歧视性行为、暴力甚至种族灭绝。"简要来说，内群体就是一个人产生了身份认同的那个群体，如

"我是德意志人"；外群体则是非我族类，如"他们是犹太人"。不像普通意义上的冲突，这种敌视无视任何具体情境，是无条件的。外群体是内群体永远的威胁，外群体的消亡乃是内群体兴盛的条件。若没有这种信念，便不配成为内群体的一员。

首先，这个定义无疑是跨文化的、更具普遍性的。诚然，极端主义可能与宗教、民族、性别、阶级等议题紧密相连，但极端主义绝非某一宗教、民族、性别、阶级的专利。本书作者伯杰也说，美国研究"圣战主义"的文献是白人民族主义的三倍，但在本定义中，两者同属极端主义，白人民族主义在美国造成的破坏很可能并不亚于"圣战主义"。

其次，这一定义也否认了极端主义是偏离常识、偏离主流的过激言行。反犹主义难道不曾是第三帝国时期德国人的主流意识形态？在曾盛行奴隶制的美国南方，黑人比白人低劣难道不曾是这个社会的常识？但按照这一定义，哪怕处于主流位置，纳粹党和3K党也同属极端主义。

在这个地基之上，《极端主义》又提出了危机－对策的框架，连带着澄清了许多似是而非的问题。极端主义者会宣扬内群体正面临重大危机，如资源匮乏、种族灭绝等，而导致这一切的罪魁祸首就是某一个外群体，而这个外群体只要存在，就是对内群体的威胁，于是必须通过打击和消灭这个外群体，来帮助内群体走出危机。比如，基地组织相信，必须消灭美国，伊斯兰人民才能得救；卢旺达的胡图族也因此举起了对图西族的屠刀。极端主义者的对策也往往非常可怕，从骚扰和歧视一直到发动战争和种族灭绝，一如人类经历过的种种悲剧。

全书共用六章来说明这些问题：第一章"必须毁灭！"指出了当下定义的混乱，并回顾了自古典时代直到现代的极端主义历史，极端主义不是现代才诞生出来的魔物，古罗马老加图的那句"迦太基必须毁灭！"就是最早的极端主义口号之一，"9·11"事件则是现代的极端主义恐怖事件。第二章"什么是极端主义？"除了提出上文所述的关于极端主义的定义，伯杰也粗略整理出了极端主义图鉴，人们可能因为任何一重身份、在任何一个可能产生分歧的议题上——无论是宗教、民族、性别、阶级，乃至是否欢迎移民和发展科技——孵化出极端主义。第三章"内群体和外群体"则讨论了人们如何在内外群体之间划开一条不可逾越的界限，人自身的身份认同如何建立，又如何构建出邪恶低劣的他者形象。第四章"危机和对策"则对应着极端主义对内群体状况的解释和对外群体的敌对行为。极端主义不会用常规的方式来解决内外群体的冲突，对外群体的敌意已经演变成内群体的身份认同之一。本章重点分析了危机叙事，或者说极端主义意识形态的类型，并由轻（骚扰）到重（种族灭绝）地列举了极端主义可能采取的对策。第五章"激进化"则指出每个极端主义者都不是生而如此，一定是经历了一系列激进化的过程才逐渐培育出对外群体的憎恶，一个极端主义者从入门到精通可能要经历哪几个阶段。最后一章"极端主义的前景"涉及了当今影响极端主义的两个要素——社交媒体和不确定性，作者认为社交媒体确乎让绝大多数人变得更加宽容和开放，但也使少部分人走向了极端。受教育程度低和经济低迷并不一定会产生极端主义，真正加速极端主义的，是对未来的不确定性。尽管极端主义如此古老而常新，但毕竟人类也曾废除过奴隶制、打败了纳粹，"有时缓慢得令人痛苦，还常常进两步退一步，但确乎在进步"。

著名的社会心理学著作《偏见的本质》提到，一方面，

"过度分类"也许是人类最常见的思维谬误,我们急于依照极少的事实就进行大规模的归纳。于是便有了偏见,有了地图炮、鄙视链、替罪羊,也有了敌我之分与极端主义;但生命如此短暂,要处理的信息如此复杂,"我们无法对世上所有的事物都单独衡量,再做出判断,因而不得不依赖这种粗略而笼统的反应机制"。另一方面,"我们珍视自身的存在模式,并且相应地贬低(或主动攻击)那些看上去会威胁到我们的价值观的事物"。正如弗洛伊德所言:"在对自己不得不与之接触的陌生人不加掩饰的厌恶与反感之中,我们能辨认出对自己的爱,或曰自恋的表达。"①

尽管偏见和极端主义是两个完全不同的命题,但强化偏见来构筑内外群体之别,确乎是极端主义的第一步。我们无法摆脱偏见,一如我们没有无限的时间与精力来甄别每一个个体的善良与邪恶,一如我们总有自我认同,无法放弃立身之本和珍视之物。光与影随行。

但是,我们还是有可能警惕极端主义,并保持宽容和

---

① [美]戈登·奥尔波特:《偏见的本质》,凌晨译,九州出版社,2020年,第10、第30页。

开放：考虑不同意见的合理性，尝试理解他人的文化、处境与行为。在看到与自身观念相悖的事实时，可以问一问是不是自己的观念需要更新和修正，而非急于忽视和否定事实……当然，在碰到真正的极端主义者时，绝不承认他们是正确的。尽管伯杰也没有提出完整的解决办法，但最起码我们已经有了一个有效的定义。

这虽然是一本简明的册子，但翻译的过程依然磕磕碰碰，错误在所难免，还请各位多多指正。我要感谢贡献出这样一本正本清源、逻辑严密又通俗有趣的册子的作者J. M.伯杰先生，校对和编辑本书的于淼先生、顾霄容女士、沈乐慧女士，以及商务印书馆涵芬楼文化公司为了出版本书付出努力的各位编辑老师。也感谢愿意翻开这本书的你，承蒙不弃，阅读愉快。

黄　屏

目 录

致 谢 　　　　　　　　　　　　　　　　1

第一章　必须毁灭!　　　　　　　　　3
第二章　什么是极端主义?　　　　　25
第三章　内群体和外群体　　　　　　53
第四章　危机和对策　　　　　　　　77
第五章　激进化　　　　　　　　　117
第六章　极端主义的前景　　　　　149

词汇表　　　　　　　　　　　　　　173
注 释　　　　　　　　　　　　　　181
参考文献　　　　　　　　　　　　　205
延伸阅读　　　　　　　　　　　　　209
索 引　　　　　　　　　　　　　　211

致　谢

像往常一样,我深深感激在我写这本书的过程中帮助过我的许多人。这里讨论的大多数概念都是在反恐战略通信项目负责人阿拉斯泰尔·里德的支持和指导下发展出来的,感谢他的友谊和支持。

哈罗罗·J. 英格拉姆通过海牙国际反恐中心和反恐战略通信项目发表的作品,对我本人产生了深远影响。我从我们的对话和他对这份手稿的总体反馈中受益匪浅。他在广泛传播信息方面的重要贡献,以及对危机和对策理论关键要素的发展,也塑造了这份作品的方向。参考文献中引用了他的著作,极力推荐读者与本书一同阅读。迈克尔·霍格关于不确定性和极端主义的研究,以及其他人基于他的概念所做的工作,也以非常重要的方式影响了本书。

本书是我在巴黎高等研究院的一次会议上发表演讲后出版的,在那里我遇到了麻省理工学院出版社的编辑马修·布朗。感谢伊萨克·弗里德组织了这次精彩的活动,还有我的朋友和过去的合作伙伴杰西卡·史丹。他们促成了对我的这次邀请,他们的支持为我打开了许多扇门。还要感谢麻省理工学院出版社的安妮-玛丽·波诺,感谢她对出版过程的指导,还有我的经纪人玛莎·卡普兰。也要感谢VOX-Pol的莫拉·康威和丽萨·麦金纳尼,感谢她们对本书以及其他方面慷慨有力的支持。

最后,也最重要的是,如果没有我妻子珍妮特的爱和支持,本书和我在这个领域的所有工作,以及我生活中几乎所有美好的事情,都是不可能的。

1

第一章 必须毁灭!

1964年,美国联邦最高法院试图在法律上定义什么是色情作品,波特·斯图尔特大法官用七个臭名昭著的单词模棱两可地提炼出这个概念的本质。他给不出一个真正可行的定义,但他写道:"看到它我就知道。"[1]

五十多年后,我们发现这一检验适用于世界上最紧迫的问题之一:极端主义运动在全球甚嚣尘上,侵蚀着各地的公民社会。事实上,每个人都意识到这是个严峻的威胁,但极端主义最为常见的定义,依然是斯图尔特所说的,看到它们我们就知道。和定义色情作品一样,我们并不完全认同这种检验的结果。

词典中收录的则是不断循环论证的定义:极端主义是指"极端的特性或状态",或者"对极端行径或观点的倡导"[2]，在学界和政界，各种各样的定义都有，有的简要[3]，有的枯燥冗长[4]。许多定义专门针对一种特定类型的运动，比如"圣战"恐怖主义[5]；有的则以是否使用暴力为前提[6]；通常，学者以相对于任何特定社会的"中心"或"规范"来定义极端主义[7]；在政治中，极端主义是一种越来越方便的侮辱——一种描述和谴责"别人"信仰的方式。

这些定义的缺陷都很明显。循环论证（极端主义就是极端状况）不仅毫无意义，也极易被滥用，因为你可以这么说任何和你观点不同的人；限定在宗教维度的定义忽略了世俗活动中可能存在的极端主义，反之亦然；基于暴力的定义排除了"看见它们我们就知道"的运动类型，比如一些种族隔离主义者、极右翼；那些聚焦于是否偏离社会规范和"中心"的定义尤其危险，因为这种定义遗漏了历史上那些成功且重要的极端主义政权，例如美国和纳粹德国的种族奴隶制。

"什么是极端主义？"这个问题的答案看起来应该很明确，但实际上绝非如此。在一个暴力极端主义被广泛认为是我们这个时代的关键性挑战的世界里，没能给出定义会导致巨大的现实世界后果。

在一个暴力极端主义被广泛认为是我们这个时代的关键性挑战的世界里，没能给出定义会导致巨大的现实世界后果。

在美国,极端主义这个词常常在没有上下文且跨越种族和党派分歧的情况下被抛出。在更广泛的西方世界,许多人辩称,整个伊斯兰宗教在本质上就是极端的,因而支持从限制穆斯林的公民权利到大规模拘禁的各项政策。在伊斯兰教内部,关于哪个教派、运动或国家是规范的,哪个是极端主义的,也有许多激烈的争论。

这些争论影响到了对极端主义的研究。引用"圣战主义"的学术研究大概是引用白人民族主义的三倍[8]。一些占据政治要职的伪知识分子宣称,白人民族主义与"圣战主义"相比远远没有那么重要,尽管事实上白人民族主义更为源远流长,历史上更具破坏性。他们还据此制定了相关的政策[9]。

如果你相信只有"别人"才会产生极端主义者,而你自己所处的身份群体不会,你自身很有可能就是一个极端主义者。历史提供了丰富的证例,表明极端主义是人类状况的一部分,而不是任何单一种族、宗教或国家的专门领域。不是所有暴力都是极端主义,也不是所有人类数不清的战争、冲突和残忍行径都是极端主义。许多状况是模棱两可的,但有些情况与我们现在对这个词的理解完全一致。

回顾一下历史,重大的暴力冲突都是由意识形态驱动的，从这点入手就能看出这个问题多么庞杂且普遍。下文例子的选择很大程度上基于作者过往的研究，这些研究是依据所能获得的明确表述意识形态的翻译文本。世界各地还有更多相关的案例，本章应被理解为说明性的而不是综合性的。一些读者可能会对本章所举的一些例子提出异议，在某种程度上，这也达到了这项工作的目的。但接下来的章节会给出一个超越特定历史时刻的文化规范的极端主义定义。

当你浏览极端主义简史时，可以思考以下这些问题：极端主义是与自己所属群体的至高无上性有关，还是由对"他者"的仇恨来定义？极端主义者是突然出现的，还是从主流运动演变而来的？他们仅仅在社会的边缘活动吗？暴力是极端主义的必要组成部分吗？极端主义者怎样决定他们的信念？他们是理性的吗？当可能出现如此多变体时，我们怎样才能客观地定义极端主义？

最早的极端主义者？

尽管古代世界的编年史中充满了暴力事件，对其社会环境和意识形态辩护的记录却常常没有完整地保留下来。历史上最早符合我们今天认知中极端主义这一社会趋势的案例之一，发生在公元前2世纪罗马对迦太基的战争中，这被耶鲁大学的学者本·基尔南称为"第一次种族灭绝"[10]。

迦太基坐落于今日的突尼斯境内，是古罗马的区域对手之一的首都。在三次毁灭性的战争后，罗马占领这座城市并解除了市民的武装。但一些罗马政治家认为，迦太基形成的威胁如此可怕，仅仅占领并不能将它彻底拔除。

一个叫作老加图的罗马元老院成员，无论他向元老院演讲的主题是什么，是不是碰巧和迦太基有关，他都要把这次演讲总结成一个口号："迦太基必须毁灭！"据传他以此闻名。老加图是早期的民粹民族主义者，即使以当时的标准来看，他也是一个传统保守派——军国主义者、厌女者和种族主义者[11]，拿现在所处的堕落和过去神话般的黄金时代相比后，他坚信迦太基对罗马的生存及其文化的纯洁性构成了威胁，正因为如此，仅仅胜利是不够的："迦太基必须毁灭。"

第三次布匿战争刚开始时，迦太基几乎立即缴械投降了。罗马对投降的条件不满意，要求迦太基人放弃这座元老院已经决定摧毁的城市。当本地人拒绝弃城离开时，罗马人发起了围攻，最终将迦太基夷为平地。在迦太基人投降后不依不饶，继续摧毁的决定，以及加图的言论，使迦太基的毁灭被公认为一个极端主义的例子。据估算，至少15万人在城市沦陷时死去[12]。

迦太基可以说是最早有据可查的种族灭绝和民族主义暴力极端主义的历史案例。有关于更古老事件的记载——比如特洛伊战争或者《圣经》所提到的以色列人对亚玛力人的种族屠杀，尽管它们并没有像迦太基的毁灭一样记录得那么完好，但还是意味着历史上极端主义的概念出现得要更早[13]。

迦太基之后，历史记录变得更为丰满，别的例子很快也出现。其中奋锐党（Zealots）是出现在公元1世纪早期的一场身份运动，关于该教派的文章很多，尽管其中一些学术研究和解释带有强烈的基督教色彩[14]。

作为众多反罗马组织之一，奋锐党主张被占领的犹地亚具有独一无二的犹太人身份，他们不仅谴责罗马侵略者，也敌视配合罗马统治的犹太人。它的创始人谴责犹太通敌者是懦夫，并似乎支持由祭司或祭司王统治的神权政府。信徒也信奉"狂热"(zeal),这是该运动名字的来源,意为通过暴力强行贯彻他们的意志。他们在耶路撒冷与临时政府作战[15]。

一个奋锐党内部或与之相关的群体叫"短刀党",据说他们走得更远,认为"没有谁比谁更高贵,上帝是唯一的统治者",并在公元65年杀掉了一位顺服罗马统治的犹太大祭司。短刀党以实施暗杀、破坏财产和盗窃而闻名。根据犹太裔罗马历史学家约瑟夫斯的说法,他们"混在人群中,把匕首藏在衣服下面",在没有任何预兆的情况下,以罗马人和犹太人为目标实施恐怖袭击。他们被称为暴行的肇事者。根据约瑟夫斯的说法,公元74年,短刀党人在其梅察达山上的堡垒被围攻时,宁愿集体自杀也不投降[16],尽管有历史学家对这个记录的真实性抱有许多疑问[17]。

黑暗与中世纪

公元657年,当时还年轻的伊斯兰教经历了它的第一次重要分裂,一个被其敌人称为"哈里哲"或"哈瓦利吉"（Kharijites或Khawarij，来自阿拉伯语中的"分离"一词）的教派发生了叛变[18]。信徒们称自己为卖主，这个称谓来源于《古兰经》中关于出卖现世生命以换取天堂里永生的经文[19]。

哈里哲派与伊斯兰哈里发国在一场关于继承权的争端中决裂，该运动希望恢复他们想象中两代人之前的伊斯兰教实践传统。当时的哈里发阿里残酷镇压了哈里哲派叛乱，后来又被该教派的一名信徒暗杀。

与许多历史运动一样，人们对哈里哲派的看法随着时间的推移和众所周知的胜者写史的影响而变化。例如，一位教会的教父爱任纽多年来一直是早期基督教诺斯替派（Gnostic）的主要权威。但1945年发现的一批保存完好的诺斯替派原始文档表明，他对这个教派的描述经常有许多明显不准确的地方[20]。异端的历史是由赢得正统地位的胜利者写就的[21]。

因此，由于主流伊斯兰历史学家多年的工作，哈里哲派一直与暴力极端主义联系在一起，但是尚不完全清楚他们的这一名声有多少是符合历史事实的。政治伊斯兰教学者奈利·拉胡德写道，哈里哲派臭名昭著的程度，与阿里的名声和地位呈正相关。另外，穆斯林学者近年来开始把该词作为一个贬义词来谴责"圣战"恐怖主义，进一步影响了对该组织的看法[22]。

带着这样的警惕，将哈里哲派理解为极端主义者可能有一定的依据。就像奋锐党一样，哈里哲派因其严格践行伊斯兰教的激情和以政治暴力来捍卫教义的激情而被人们记住。大部分的历史记录都一致认为他们是一群回头盯着伊斯兰黄金时代不放的硬核原教旨主义者，尽管他们的人生只是刚刚与这个黄金时代擦肩而过。他们的献身精神如此纯粹，以至于据说敌人都会被深深吸引而变成其信徒。

据说哈里哲派会以信仰是否纯洁正确来评判其他的穆斯林，然后杀掉那些不符合他们的穆斯林标准的人。据称他们残忍地杀害了未通过测试的穆斯林及其家人，包括女性和从子宫中剖出的胎儿[23]。他们大概相信任何罪孽都会使罪人成为伊斯兰教的叛徒[24]。

整个中世纪，基督教和伊斯兰教之间（以及内部）的战争多不胜数，无法在这里详细探讨。但在13世纪罗马天主教会发生了一件特别令人印象深刻的猎杀异端事件。活跃在法国南部的清洁派是基督教的一个教派，他们的信仰与罗马的正统信仰很不一样，行为也大相径庭。他们有着非常独特的圣礼，崇尚简朴的生活，这也与当时的天主教牧师形成鲜明对比。

一个又一个教皇派遣使者并发送信件，以越来越严厉的措辞敦促他们悔改。其中一些请求据说遭到了暴力的回应。最后，教皇英诺森三世召集十字军征讨异端，赦免那些"从主的葡萄园中拔除无用之根"的人所有的罪孽，并号召基督徒"用正统信仰的热情点燃为正义之血复仇的火焰——让哭号响彻天地，直到复仇的主从天降下，挫败那些叛逆和叛逆者"[25]。

伤亡惊人，导致广泛的酷刑，可能有数十万清洁派教众被屠杀，直到该教派及其支持者被彻底根除。天主教会和清洁派的冲突也直接导致了历史上最可怕的机构之一的宗教裁判所设立[26]。

新大陆

16世纪，西班牙征服者开始在美洲寻找殖民地，他们本来计划通过军事占领来征服美洲，但很快升级成了种族极端主义。他们制造了人类历史上最为可怕的种族屠杀，导致整个美洲原住民社会灭绝。由于蓄意屠杀、奴役和引入致命疾病的综合效应，征服者的行为导致多达7000万人死亡[27]。

战争和极端主义的界限往往是模糊的，但是征服者在一套被正当化的意识形态的支持下，来为他们实施的暴行辩护。西班牙哲学家胡安·希内斯·德塞普尔韦达笔下的美洲原住民都是"进化了一半的人"或者"小矮人"，只有"一点人性的痕迹"，只配被征服和奴役[28]。后续抵达新大陆和澳大利亚的殖民者也用各种意识形态为他们的行为辩护，尽管这常常是为其放纵的残忍和极端的贪婪拉起一块薄薄的遮羞布[29]。

广义而言，几千年来，奴役一直是战争和军事征服的一部分，在某些文化中也是一种惩罚罪犯和强制偿还债务的方法。让人世代为奴和将奴隶作为财产——奴隶的后代也必须继续做奴隶的观念——在以前并不那么普遍，但在15世纪后，教皇颁布了一系列有助于将这种做法正当化的公告，伴随着美洲的殖民化和非洲奴隶贸易的同时兴起，这种做法得到了日渐有力的支持。原住民和其他非白人种族到底是否应该被当作人来看待？把他们当成奴隶是正当的吗？尽管有很多争论，出现了许多互相对峙的宗教观点（不论是天主教还是新教），但这些含糊多变的观念还是未能阻止奴隶制的制度化和种族化的发展[30]。

在美洲殖民地，弗吉尼亚州通过了一项将世代为奴合法化的法令，其他的殖民地立即跟进，将这种做法深深嵌入了新生美国的经济文化中。出于道德考虑而反对奴隶制的声音也日渐响亮，最终成为一股足以分裂国家的力量。废奴运动在19世纪早期的兴起及其对所谓"美国特色资本主义黑奴制度"正当性的攻击，导致了极端主义者将支持奴隶制的意识形态编织得更为缜密[31]。

"难道现在以主仆相称一起生活的这两个截然不同的种族，可以就此永别了吗？"支持奴隶制的作家托马斯·罗德里克·迪尤问道，"难道当黑人被从奴隶制中解放出来后，要送回非洲老家？还是他们的权利与文明程度已经能和白人平起平坐了？"[32]

为了维护奴隶制，人们提出大量意识形态方面的理由。南方的知识分子跃跃欲试，引援《圣经》和"科学"的资料。他们还借鉴历史先例，指出过去的文明曾因这一制度而繁荣昌盛（常常忽略掉非世袭奴隶制与其世袭化、种族化的衍生物之间的区别）[33]。

没有人能确切弄清，在奴隶制盛行期间，到底有多少奴隶被囚禁在美国或其他地区。可能至少有1000万非洲黑奴被贩卖到美洲，在南北战争结束时，仅在美国就有近400万奴隶获得自由。非洲奴隶贸易和世代为奴的奴隶制所付出的总人力代价肯定达到数千万，这是人类历史上最大的耻辱之一，也是极端主义最大的胜利之一[34]。

20世纪，之后……

反犹极端主义在宗教方面的起源可以追溯到几千年前（见第三章），但是在19世纪后半叶的法国和德国，它演变成一种意识形态，将犹太人身份不仅视为宗教身份，而且视为种族身份。在德国，反犹主义信仰以特别凶猛的方式根深蒂固，数十年的战争和社会动荡为迫害少数群体创造了理想的条件，人们的损失和社会的动荡都被怪罪到他们身上[35]。

德意志民族主义和恶毒的反犹主义利用一系列错综复

杂的事件乘风而上,最终导致纳粹政权开始在各处肆虐,1933年到1945年间,纳粹通过种族灭绝运动、集中营中的恐怖行径、大规模饥荒计划,以及其他战时死亡之外的暴行,杀害了600万犹太人和至少1200万其他人,再加上各处因战争而导致数千万人死亡[36]。

即便战败,纳粹意识形态仍然流毒于世,今天全世界还有数百个后续运动继承了纳粹的"遗志",他们不仅致力于纯洁德意志民族的血统,发扬民族主义,还支持更广义的白人至上主义信条,从美国到希腊,从俄罗斯到澳大利亚,都不难发现他们的身影。在今天,纳粹主义的影响不仅在相对小众的铁杆追随者群体中,也在更广泛的国际和政治动态中持续存在[37],包括一大群政治上腐朽不已的阴谋家,他们利用"全球主义者"等委婉的说法,无休止地重复反犹主义的陈词滥调[38]。

20世纪盛产极端主义——1901年无政府主义者暗杀美国总统威廉·麦金利、1914年塞尔维亚民族主义者暗杀奥地利大公弗朗茨·斐迪南(这是引爆第一次世界大战的导火索之一),以及在1994年多达上百万图西族人在卢旺达惨遭虐杀[39]。这类事件数不胜数,简直到了罄竹难书的地步。

可能最有宿命感的，是苏联1979年年末入侵阿富汗，在长达二十年中引爆的一系列事件，大大影响了21世纪。为了回应一个穆斯林国家遭受的入侵，成百上千名外籍战士作为"圣战者"赶赴阿富汗抗击苏联，保卫同一宗教的信奉者。在美国，"圣战者"一开始被视为自由的战士。他们的领导人被邀请到美国与政治家会面。他们明面上得到了美国国务院的公开赞扬，暗地里又接受了来自中央情报局的支持。这支外籍战士军队的领导人阿卜杜拉·阿赞多次前往美国，公开招募美国穆斯林加入战斗[40]。

经过近十年的战争后，随着苏联撤军，形势逐渐缓和下来，外籍战士运动的老兵们认为革命尚未完成。1988年，奥萨马·本·拉登组织了一小队阿富汗老兵，创立了以重塑穆斯林世界为己任的基地组织。基地组织最初是个小型秘密组织，向全球穆斯林恐怖分子和叛乱群体提供援助。

在20世纪90年代，塞尔维亚民族主义极端分子发动的种族屠杀导致数千波斯尼亚穆斯林被杀、流离失所或被投入集中营。这些极端主义袭击又引来另一些极端主义者的报复。至少有数百名外国"圣战"极端分子——许多人受基地组织特训或与基地组织有关联——加入了保卫穆斯林的斗争中，还有数百名波斯尼亚血统的"圣战"分子[41]。1995年，互相冲突的双方达成了脆弱的和平，但来自两个阵营的极端分子仍然在相当程度上侵扰着该地区[42]。

基地组织试图推翻腐败的中东各政权，并以逊尼派神权政体取而代之。由于本·拉登及其支持者相信，如果不驱逐受美国经济和军事支持的阿拉伯统治者，这场运动就不会成功，因此，基地组织开始直接对美国实施恐怖袭击，最开始是支持关系松散的极端主义群体（例如1993年的世界贸易中心爆炸事件），后来开始了他们自己高度专业化的运作（例如1998年美国驻东非大使馆同步爆炸事件）。

2001年9月11日，基地组织实施了历史上最具毁灭性的恐怖主义袭击，他们劫持四架飞机，其中三架成功撞进世界贸易中心塔楼和五角大楼。作为回应，美国发动了一场持续至今的"反恐战争"。由此导致的社会和政治动荡常常将穆斯林置于有关极端主义的公共辩论和政策的焦点[43]。

美国入侵基地组织所在的阿富汗后，基地组织一开始以相对集中的隶属模式，在地理上分散开来。但是久而久之，该组织的凝聚力受到内部权斗和外部压力的挑战。支部纷纷在当地叛变，遗忘了他们反抗美国和全球"圣战"的初心。

最重大的一次内部分裂发生在伊拉克，那里是基地组织第一个官方支部所在地，该支部是为应对2003年美国入侵该国而成立的。伊拉克基地组织由观点比本·拉登更极端的约旦"圣战"分子阿布·穆萨布·扎卡维创立。伊拉克基地组织几乎立即和总部撕破脸皮。在与美国和伊拉克军队作战十年并取得不同程度的胜利后，经过一系列重组，它最终完全独立于基地组织，被称为"伊斯兰国"。

"伊斯兰国"体现了基地组织意识形态的演变；我们将在下文详细谈论"伊斯兰国"。它的暴力程度更高，针对的目标也更广泛。基地组织试图在其袭击中尽量减少逊尼派穆斯林的伤亡（有选择地进行，但结果不一），"伊斯兰国"则屠杀了数以百计的逊尼派信徒。基地组织不太强调伊斯兰逊尼派和什叶派之间的分歧，而"伊斯兰国"则通过袭击扩大了分歧，视什叶派穆斯林为头号敌人，对其仇恨甚至超过美国人和犹太人等宿敌[44]。

随着"圣战"运动的激增和多样化,对理解极端主义的问题变得更有争议、更争执不下且更令人困惑。在叙利亚,巴沙尔·阿萨德政权残忍屠杀了数千平民,他们以这些人都是极端分子为由来为这场屠杀辩护[45]。在叙利亚反对派的内部,围绕着哪些叛军是伟大的反对派,哪些是"圣战主义"极端分子的问题,发生了激烈的内斗[46]。即使是叙利亚真正的"圣战"分子也分裂成大大小小的激进阵营,不断指责对方为极端主义,同时又为自己开脱[47]。"圣战"叛乱分子通过自己的极端主义定义来互相攻击,同时也反对其最为致命的敌人"伊斯兰国",尽管他们所信奉的意识形态大同小异[48]。

极端主义的复杂性当下正困扰着所有相关讨论,而人类总是倾向于用极端主义的框架来描述任何政治分歧,这使得这种复杂性更为严重。合理批评以色列针对巴勒斯坦人的政策,有时会被认为又陷入了反犹主义的窠臼。同时,作为国际认定的恐怖组织,哈马斯却在控制并参与治理大片的巴勒斯坦领土,哪怕它内部分裂成了大大小小的极端派别[49]。

极端主义的复杂性当下正困扰着所有相关讨论，而人类总是倾向于用极端主义的框架来描述任何政治分歧，这使得这种复杂性更为严重。

————————————————————

美国正在兴起的极右翼,将对穆斯林的偏见建立在伊斯兰教本身从根本上就是极端主义的断言之上,而"伊斯兰国"频繁的恐怖袭击则对这种偏见火上浇油。在极右翼看来,每个穆斯林都是潜在的恐怖分子,是寻求各种机会要在美国建立伊斯兰宗教统治的活跃的文化渗透者[50]。

在缅甸,佛教徒也被卷入了这个循环中,几十年来对其穆斯林罗兴亚少数民族成员实施歧视或更恶劣的做法,然后开启了一场新的种族清洗运动,在我撰写本书时,该运动正在快速升级为种族灭绝。就像其他国家的反穆斯林极端主义者一样,激进的佛教僧人阿信·维拉图将其受害者说成真正的极端分子。"你可以满怀善意与爱,但你不能睡在一条疯狗旁边。"维拉图说。他试图将传统的佛教教义与其仇恨和恐惧宣传活动调和起来[51]。

如果说我们能从现代和历史的案例里学到什么的话,那就是:定义极端主义并不是一件随便的事。在危机四伏的今日,"看到它我就知道"不是一个令人满意的标准。对于一个历史进程一再因极端主义暴力而改变的世界来说,这不够。

所以我们应该如何开始?我们怎样才能在单一意识形

态的领域之外理解极端主义？我们怎么知道我们是在讨论极端主义，还是在讨论普通的政治分歧？我们怎样才能更好地理解极端主义，以便减少其在人类生活中造成的巨大伤害？本书尝试回答这些问题。

第二章 什么是极端主义?

著名政治理论家汉娜·阿伦特认为,意识形态作为一种现代发明,只有到了阿道夫·希特勒这类人物出现时,才开始产生重大政治影响[1]。但这一(在极权主义背景下做出的)断言显然与前一章回顾的历史不符。虽然远非完整,但对可识别的极端主义信仰的回顾,表明了这一问题的艰巨性;人类自有史以来,就一直被这个问题困扰着。

客观地研究极端主义,我们很快就能发现三个重要事实:

- 极端主义绝不那么简单;
- 极端主义不是任何单一种族、宗教或政治派别的专属;

- 极端主义可以在社会中产生深远影响。

这几条为我们打开了这个令人困扰的世界的大门。我们怎么样才能面对极端主义如此多样的挑战呢？我们可以对战胜这个持续困扰了人类绝大部分历史的难题抱有合理的期待吗？以及，到底什么是极端主义？

尽管类型繁多，极端主义运动仍然有共同要素，这为我们提供了理解它的路径。讨论极端主义最有效的框架之一被称为社会认同理论，这是一个由社会心理学家亨利·泰弗尔和约翰·C.特纳所开创的理解群体间动态的方法[2]。

社会认同理论指出，人们会将自己和他者归类为互相竞争的社会群组成员。**内群体**是指有共同身份的一群人，如共同的宗教、种族或者国家。它是一个人所属的群体——"我们与他们"中的"我们"。**外群体**是被排除在特定内群体以外的一些人，是"他们"的一部分。

在本书中，内群体和外群体分别代表着一种**身份**——可以被理解为用一系列特质把一个人或一个群体与另外一些人或群体区分开来。共享身份的人们可能会形成一个**身**

份集体，即由国家、宗教、种族或者一些其他共同特征、兴趣或关怀所定义的群体。

内群体的内并不意味着占据了什么优势、有多受欢迎或者符合某一价值判断标准。内或外是相对的状态，我的内群体可能是你的外群体，我的外群体也可能是你的内群体。只要你被赋予了任一身份，你不是在那个群体之中，就是在那个群体之外。

在大多数社会运动中，内群体和外群体自然是有差异的，但这种差异不是也不应该条件反射式地成为敌意的理由。多元社会接受甚至欢迎个人之间和群体之间的差异。尽管如此，相较于任何外群体的人和事，人们自然而然地倾向于嘉许和敬重他们所属的内群体。在极端主义运动中，这种自然倾向被大幅放大，对内群体的忠诚高于一切，某些外群体被视为险恶的敌人。

定义内群体和外群体并不是纯粹的二元过程，就像我们即将看到的，内群体也并不总是铁板一块，而是可以沿用不同的意义去细分的。一个内群体可能对应不止一个外群体，例如，逊尼派"圣战主义者"标记了很多外群体，这些不同的外群体之间还有重叠的部分。许多白人民族主义者相信,每个种族都有不同的特质,都代表着一种对内群体不同类型的威胁。在这样的环境中,极端主义者会用不同的策略来对付不同的外群体。

内群体和外群体并不总是泾渭分明的,它们不得不被定义。**分类**是将自身理解为某一内群体的一员,并确定其他人处于你的内群体还是外群体的行为。**社会认同**是一种个人决意他或她属于哪一个内群体的自我归类行为。分类具有心理上的后果,它塑造了人们和群体对自我和他者的看法,这些将在下文讨论。

内群体通常自认为比外群体更有正当性。在这种意义上,**正当性**可以被定义成这样一种信念,那就是一个身份集体有权存在,并可以被正确地定义、维护和捍卫。这个词在日常使用上有不同维度,但大多数情况下与极端主义无关。正如我们即将看到的,寻求正当性是许多极端主义运动中的关键要素。

所有极端主义群体(以及许多非极端主义群体)都具有某种意识形态。就像极端主义一词,意识形态有很多定义,有些定义还非常复杂。为了涵盖非极端主义的政治和宗教群体,这些更为宽泛的定义可能是必要的[3]。然而,在寻求正当性是许多极端主义运动中的关键要素。

_____

本书语境下，**极端主义意识形态**是一组描述谁属于内群体、谁属于某个外群体以及内群体怎样与该外群体互动的文本集合。意识形态的文本可以广泛存在于包括图书、图像、讲座、视频甚至对话等各种各样的媒介中。

许多学者更倾向于把意识形态简要定义成一系列思想和观念[4]。我认为这种模糊没有必要。思想和观念存在于文本中，而一场运动除非当且仅当在文本中被传播，它不可能采用一种意识形态。没有传播和叙述，极端主义组织也就不复存在，只剩下极端主义"独狼"各自追随他们自以为是的信念。除了强调传播的重要性，关注文本也能使我们更方便地系统分析意识形态的内容，并追踪它们如何随着时间的推移慢慢演化。

极端主义者图鉴

本书第一章按照大致时间顺序，从历史中抽取出各种轶事案例来展现极端主义运动的多样性。本节试图把这些案例分门别类，以系统呈现那些最普遍、影响力最持久的极端主义类型。一些极端主义运动可能是以下分类清单中几种类型的混合体，另一些则是高度具体化的子集。

并不是所有暴力都是极端主义的，也不是所有极端主义都是暴力的。许多罪行和战争确实是为了扩大或保护个体或群体的利益而涉及暴力的，比如为了获利，或者合情合理的自卫。虽然极端主义情绪常常与罪恶和暴力交织在一起，但单纯的暴力行为——甚至可怕且邪恶的暴力——都并非天生的极端主义。

这可能会导致一些模糊不清的情况，需要细致解读，且有些问题可能永远无法得到清晰的解决。比如，对黑手党和其他种族犯罪团伙来说，族群确实是一个至关重要的问题，但与其他如获利之类的考量相比，强化族群认同常常是次要的。

类似的歧义也存在于仇恨犯罪中，我们将在第四章详细讨论。一些仇恨犯罪明显是被极端主义意识形态驱动的（比如新纳粹光头党袭击非裔美国人），但是其他仇恨犯罪可能是我称之为"路人式"恶感的例子——仅仅是厌恶与众不同的人。

例如，一个醉酒的异性恋男人出于恐惧、愤怒或简单的偏执，在酒吧里袭击一个男同性恋者。这个袭击者未必会用一套明确的意识形态信仰来为自己的暴行辩护。缺乏意识形态的背书丝毫不会减轻这种攻击的严重性,但确实会导致一个问题:是否应该认为所有的仇恨犯罪都与极端主义有关?我自身倾向于把路人式恶感与意识形态的极端主义区分开来,但这里仍有许多可以探讨的空间。比如说,这个袭击者的态度可能源自一种在社会上广泛流传但源头很模糊的意识形态观念。政府关于仇恨犯罪的数据经常不足以细致反映动机和意识形态的潜在影响,所以专门的研究可能会帮助我们厘清这个问题。

同样,恐怖主义必须与极端主义相区分开来。尽管它们经常相生相伴,但这两者毕竟不是一回事。恐怖主义是一种策略,而极端主义是一套信念系统。因为极端主义运动常常规模较小,这使他们有动机采用恐怖主义等不对称的战术。当极端主义者确实使用恐怖主义时,他们通常会炮制一系列意识形态理由来为这个决定辩护。但是许多极端主义者也会回避恐怖主义,而且并非所有采用恐怖主义战术的人都一定是极端分子。

极端主义的主要类别包括种族／族群、宗教、民族主义、反政府、无政府主义、阶级主义、单一议题运动、性恐怖主义是一种策略，而极端主义是一套信念系统。

_____

别、性取向和性别认同。这些类型经常有交叉重叠之处，有时会自我强化，比如把某一宗教与某一民族身份配对，或种族主义者接受的反政府信条。有时，这些意识形态缝合也变得更为复杂，比它们单独出现时更为有害。

种族／族群

种族极端主义运动强化了种族（race）或族群（ethnic）的内群体认同，并呼吁针对一个或多个种族或族群外群体采取敌对行动。种族有时也被视为族群的同义词。在其他时候，种族是一个包含了族群差异的社会构建概念。后者最显而易见的例子就是白人和黑人之间的差异。这些术语中的每一个都在不同时期以不同方式定义，例如，迁徙到美国的波兰、爱尔兰和意大利移民，现在都被视为白人，在过去却并不总是如此[5]。

种族极端主义是世界上最为棘手的问题之一。不像基于宗教或者政治身份等其他类型的极端主义，被归类到种族外群体的人们常常无法选择加入内群体以逃避迫害。

内群体成员是决定谁属于外群体的唯一权威，他们投入巨额智力资本试图在"种族"间制造不可逾越的边界。或许最为臭名昭著的,就是纳粹起草的极其详尽的法律,界定谁可以被认为是德国人(因此有权获得公民特权),谁是犹太人(因此会遭到迫害)。即便在当时已经过几代人的同化,他们仍视种族间通婚为非法,从而阻止犹太人"成为"德国人[6]。

尽管这些努力不可逆转地冻结了种族定义,但主流和极端种族身份的边界确实都在发生变化,不过,这个变化过程一般需要几代人的时间。除了隐瞒祖先以进入内群体(被称为准入),外群体成员没有其他选择可以成为内群体的正式成员。

某一种族内群体在主流社会中是多数派还是少数派,也会在某种程度上影响种族极端主义运动的特征,但是这两种类型都存在。比如,在美国可以找到各种类型的白人和黑人民族主义运动。

极端主义要求信念坚定、毫不动摇地对外群体采取敌对行动,本章随后将详述。多数群体的内群体会错误地把少数群体要求法律捍卫平等或是纠正法律的不公之类的诉求定性为极端主义。比如,一些美国右翼极端主义者指责

"黑人命也是命"是极端主义,但争取法律平等保护的运动本身并非极端主义。

宗　教

多数宗教规定其信仰和实践在客观上优于所有其他宗教。宗教外群体成员常常要为自身的错误信仰付出一些代价,但是这些代价往往是无形的,无论是死后无法上天堂,继续在下界转世轮回,还是外群体成员无法实现开悟和平和。

相对地,宗教极端主义者会在现世就对外群体施以惩罚。像种族极端主义一样,这些惩罚可能包括回避、歧视性做法甚至灭绝。神权国家的建立通常属于极端主义范畴,因为大多数神权国家通过强迫非信徒接受他们并不认同的价值观和行为,或使非信徒受到歧视或压迫来惩罚他们。

不同于种族极端主义者,宗教极端主义者常常有一些既定机制,通过自愿或威胁的方式,以一些相对固定的程序,使外群体成员可以通过皈依而加入内群体。的确,极端主义群体往往包含不成比例的皈依者。在此意义上，宗教极端主义看起来稍微没有种族极端主义那么顽固，尽管宗教极端主义同样偏狭，同样能做出不同寻常的暴力行为。

民族主义

民族主义通常被理解为将自己国家的利益凌驾于别国甚至全世界的利益之上，通常伴有相对于其他国家的优越感。体验到一定程度的民族主义情感对积极公民来说是正常乃至健康的——比如为身为美国人而自豪或感激。

民族主义极端主义将这带到另一个层面，主张必须通过对外群体采取敌对行动才能保卫国家。有时这意味着必须做出一些反对他国甚至全世界的举动，但民族主义极端主义往往也非常关注移民问题——这关乎公民权怎样被定义和授予。

正因如此，民族主义极端主义常常或明或暗地主张，在谁能成为公民这一点上要设置一些种族或者宗教上的限制。在历史进程中，美国已经历了好几波民族主义极端义，这些运动中，汹涌的敌意被引向有着不同种族和宗教背景的移民。

今天，许多美国民族主义极端主义者主要针对穆斯林，他们主张，穆斯林总以伊斯兰教义为最高荣耀，所以很难成为真正的美国人。在早期美国史中，也有过一场类似的讨论，当时针对的是效忠教皇的罗马天主教徒[7]。尽管许多反对穆斯林的极端主义者都是基督徒，他们坚信必须守护美国作为基督教国家的身份认同，但也有明显的例外，包括出于其他原因反对穆斯林移民的犹太人和无神论者。这就形成了一种混合型民族主义，一个边界有点模糊的国族身份内群体与一个特定的宗教或种族外群体相对立。

与宗教一样，有一些既定程序可以让外群体成员加入内群体并获得公民身份。不过，尽管宗教皈依被广泛接受，甚至也受到宗教极端主义者的欢迎，但民族主义者常常将其愤怒和政治行动对准这些授予公民身份的程序，试图限制甚至取消这些程序。

然而，并不是所有关于建立有序公民身份规则和执行移民法的讨论都具有天然的极端主义性质。当这些讨论的焦点是以现在或未来的移民为假想敌要采取敌对措施时，极端主义才成为一个问题。

反政府

对反政府极端主义者来说，外群体就是他们所在国家的政府。反政府意识形态经常但并不总是伴随着立国价值或原则已经腐化的信念。政府及其支持者都是外群体敌人。内群体却不那么清晰可辨。对一些人来说，内群体是普通公民的原型，对于另一些人来说，内群体仅由拥有特定价值观或承认现有政府的不正当性的那些人组成。像民族主义极端主义一样，政府外群体也可能与种族或宗教等维度捆绑在一起。比如，许多美国反政府极端主义者相信，美国政府的腐败是犹太人阴谋的结果[8]。

无政府主义

无政府主义极端主义与反政府极端主义的不同之处在于，他们反对一切形式的有强制力的政府，而不是仅仅针对某一个特定的现有政权。相反，无政府主义者相信，人们应当在自愿自发的基础上参与社会。仅仅抱持这种信念并不能算作极端主义者，除非他们还认为，必须对现有政府和政治参与者采取敌对行动。

正如人们所料，无政府主义的反组织本性使他们难以掀起影响巨大且有凝聚力的运动，但是无政府主义极端主义在从19世纪末到20世纪的大部分时间里都是一股不可忽视的暴力力量，被认为暗杀了众多西方政要，包括俄国沙皇亚历山大二世、法国总统玛利·弗朗索瓦·萨迪·卡诺、美国总统威廉·麦金利、意大利国王翁贝托一世和奥地利皇后伊丽莎白[9]。

阶级主义

大多数人都听说过阶级斗争一词，许多人可能还对此不以为然。在阶级问题上产生冲突通常不被归类为极端主义，尽管阶级往往是其他身份类型冲突的一个关键要素。

然而，阶级是一种高度可替代的东西，波动大并在很大程度上取决于人们的看法和相对地位。进入或离开某阶级比更换其他身份容易得多，而以阶级斗争为纲的运动很难持续，有一部分原因是成功的运动会影响深远地重新定义内群体和外群体。尽管严肃地以阶级斗争为纲能够整个颠覆原有阶级结构，比如俄国革命，但他们往往是将一群人从某一阶级移到另一阶级，或者调整其相对地位，这无助于坚定不移地将建立在清晰分类之上的敌对行为继续贯彻下去，定义极端主义的这个部分我们将稍后在本章中呈现。

以阶级斗争为纲的意识形态也可能与其他意识形态混杂在一起，就像无政府主义社会主义、无政府工团主义[10]或在种族和阶级密切相关的社会中的种族极端主义运动。

单一议题运动

以单一议题为基础，各种各样的运动制造了恐怖袭击或其他暴力行为。这些群体也许会建构出一种身份作为其意识形态的一部分，但这还不足以完全形成一场极端主义运动。通常，对这些运动来说，内群体是由站在某一议题正确一方的人组成的，外群体则由错误的一方组成。在某些情况下，这些运动可能与本章稍后给出的定义不完全相符。

例如，一些反堕胎暴力的动机相对简单，就是相信胎儿是完整的人、是活着的。也难怪抱持该信念的人们会诉诸暴力去阻止他们眼中的谋杀。但是另一些人会因为宗教和女性在社会中的角色等更广泛的意识形态而反对堕胎和生育权，采取暴力行动。

尽管并没有那么普遍，亲技术和反技术的极端分子也不时浮出水面。最有名的是泰德·卡辛斯基，他被称为"大学航空炸弹怪客"，制造了一系列包裹炸弹事件来宣扬科技发展会危害社会和人们幸福的观点。卡辛斯基的不寻常之处在于，这是他一个人的运动，但他仍然定义了一个外群体——左翼分子，该词语在卡辛斯基的宣言里出现了126次，既是技术恶的原因，也是技术恶果的表征。

其他单一议题或有限范围内的运动的例子还包括抗税者和反法西斯主义者（被称为安提法，antifa），尽管这些运动的信徒们可能采用了别的外群体分类方式并结合了其他意识形态要素。抗税者通常包含反政府极端主义，而反法西斯信徒们也常常信奉一些无政府主义观念。

为追求政治目标而使用恐怖主义最多的群体还有环境和动物权利运动，尽管其攻击一般来说远远没有其他极端主义者那么致命。总体而言，近年左翼极端主义导致的死亡人数远远少于右翼和"圣战"极端主义，尽管从历史上来看并不总是这样[11]。

性别、性取向和性别认同

也许人类经验中最切身有力的身份认同是围绕性别与性取向而展开的。因此，这些身份常常是极端主义者关注的焦点也就不足为奇了。一些极端主义运动正是围绕着这些特定的身份形成的——比如说，所谓的男性权利活动家，他们推动的议程明显厌女；或者倡导"性取向转变疗法"，使用不正当又折磨人的技术来"治疗"同性恋者[12]。

除了那些聚焦于性别和性别认同的运动，许多极端主义运动也附带利用这些议题或者把这些议题作为更广泛的意识形态的一部分。性别和性别认同常常成为某些其他意识形态的极端主义的附属部分。

严格遵守性别和性方面的传统习俗常常是极端主义意

识形态的显著特征，这些意识形态中，性别和性的问题与其他更深层次的身份认同相关。尽管男性和女性都参与了极端主义运动，男性在极端主义人群中占有压倒性的高比例，尤其是在实施暴力行为方面。女性确实在许多层面上参与了极端主义运动，但显然在领导层和暴力行为中所占比例寥寥无几[13]，这有时会导致学者和决策者低估女性的参与度，不过，男性（通常是顺性别异性恋男性）作为积极参与者的过高比例明显且持续[14]。

一些极端主义意识形态，尤其是在极右势力和"圣战主义"圈子里，将女性放在非暴力的角色中，并强调她们对这场运动最关键的贡献就是生育。换言之，这就是在敦促女性把生儿育女作为扩张内群体的手段。男性极端主义者都会或明或暗地控制女性，但不难发现。这常常导致各种对女性的盲目迷恋，就像白人民族主义者宣传"白人女性是有魔法的"，并且炮制出一些以白人母亲与许多白人小孩在一起为特色的模式化图像[15]。

"伊斯兰国"在其宣传中突出女性，并在社交媒体上雇用她们作为招募人员，鼓励女性移居到他们控制的领土以与组织的战士结婚。在他们的领土上，"伊斯兰国"建立了女兵旅，以便用暴力强制其他妇女服从极端的社会习俗[16]。更令人不安的是，"伊斯兰国"公开将性奴制度化，并强奸伊拉克少数族群雅兹迪人，以此激励内群体里的男性成员[17]。

相反，极端主义宣传中最普遍的主题之一是强奸的威胁——在现实或者想象中——内群体女性被外群体男性强奸。这是一种强大的情绪操纵策略，用于动员最有可能实施暴力的内群体男性极端分子。极端主义宣传者无休止地重复该主题，通常用的是赤裸裸且煽动情绪的措辞[18]。

右翼和"圣战主义"圈子对性别认同的态度也同样狭隘。"伊斯兰国"内部惩罚同性恋的方式包括对男同性恋者施以石刑和从楼顶推下去[19]。在右翼圈子中，偏离顺性别异性恋通常会遭到排斥或迫害。最极端的例子是纳粹运动，他们将数千名男同性恋者投入集中营，一些人被阉割，另一些人则接受医学实验以寻求"治愈"[20]。

在20世纪80年代，美国右翼极端分子运营着一个拨号上网电子布告栏，以维护一份会在未来攻击中成为目标的男同性恋者名单[21]。其他人则把同性恋定义为"精神疾病"。但是到了20世纪90年代，白人民族主义者在关于如何对待女同性恋、男同性恋、双性恋、跨性别和疑性恋①（性少数群体）个体的规定上，开始出现了一些似是而非的观点，从暴力压制到将同性恋视为一种类似于卖淫的轻微恶习，"可以容忍但不接受"[22]。

也有一些重要的例外，尤其是近年来。在21世纪10年代，极端主义极右翼运动的崛起带来一股不容小觑的浪潮，即有条件地接受一些性少数群体成员——只要他们赞同该运动标志性的反穆斯林和反移民观点。然而，该运动的大多数人继续支持严格的反同性恋和反跨性别政策[23]。

极端主义：一个行之有效的定义

尽管大多数极端主义运动都试图以种族、宗教或意识形态为由压制多样性，极端主义的类别还是多得令人难以置信。鉴于这些运动之间的巨大差别，我们该如何着手研究作为一门独立学科的极端主义？我们怎样才能做得比

---

① 疑性恋（questioning）又称性别存疑，指的是对自己的性别认同和／或性取向处于探索状态，或者拒绝给自己贴上标签的人。性少数群体的统称LGBTQ中的Q有时候指疑性恋者，有时候指酷儿。——译者

"看到它们我们就知道"更好?

答案就在于区分极端主义意识形态的结构和内容。不同的极端主义意识形态内容大相径庭。例如,亲穆斯林和反穆斯林极端主义者信仰的具体内容截然相反,但其信仰的结构和证明自身观念正当的方式显然是类似的。

这种结构由两个共生的概念构成,随后的章节将加以描述。首先,通过公式化的内群体和外群体定义,使身份认同变得丰满;其次,建立一个危机-对策构想,以指导基于这些身份定义的行动。这种结构既能容纳各式各样的变体,又为极端主义和激进化提供了相对简明的定义,涵盖迄今为止讨论的大多数例子[24]。就本书的目的而言,以下定义适用。

极端主义指的是这样一种信念,即内群体的成功与续存,与对外群体采取敌对行动的需要总是密不可分。敌对行动必须是内群体所定义的成功的一部分。敌对行动的范围可以从口头攻击和贬低到歧视性行为、暴力甚至种族灭绝。这显然是一个非常广泛的行动光谱,将在随后的章节详细讨论。

极端主义可以涵盖国家或非国家行为。不同于恐怖主义，经过多年类似的争议和分歧，现在主要被视为一种非国家现象[25]。

本定义的每个组成部分都很重要，因为不是每种伤害和暴力行动都是构成极端主义的必要条件。按照一套协商好的规则进行的竞争通常不是极端主义，因为内群体的成功（获胜）可以与针对竞争者的伤害性越界行为（如迫害、破坏或暗杀）无关。这适用于政治、体育或商业等活动。伤害性行动必须无条件且与内群体所理解的成功密不可分，才符合极端主义。

例如，大多数白人民族主义者相信，除非通过隔离或灭绝把非白人从内群体清除，否则白人永远无法成功。这种要求明确、不可协商且无条件。放弃这种要求就意味着放弃白人民族主义。

相比之下，有条件的冲突不一定是极端主义的。例如，如果某国在战争中遭到袭击，回击敌人便是正当的必要，因为只有这样才能确保内群体能够幸存，但是这种必要性可能是有条件的。如果坚持敌对行动必须无条件持续下去，内群体就会成为极端主义者，例如在外群体成员投降后，仍然坚持消灭他们。

行动呼吁内在于本定义。例如，因宗教教义而不认同某一宗教并不是极端主义。但要求逮捕和驱逐某一宗教的所有信徒则是极端主义。

最后，定义取决于对身份的判定。社会有权制定规范行为的法律，例如设置最低法定结婚年龄，而这可能会与某些群体身份的规则相冲突。在价值观上有分歧并不是极端主义。但是专门针对某一外群体身份来立法——例如，强制种族隔离的吉姆·克劳法案，或以法律来限制信仰自由——就符合本极端主义定义。意图问题会导致一些不可避免的灰色地带，但根据本定义其他组成部分来评估法律和政治决策，在许多情况下有助于澄清这一问题。

暴力极端主义相信，内群体的成功或续存与对外群体采取暴力行动（相对于歧视或回避等伤害性较小的行为而言）的需要总是密不可分。暴力极端主义在意识形态上可能会辩称自己的暴行是防御、进攻或先发制人。再次强调，不可分离是关键要素——规定对外群体实施暴力的需要并非有条件或情境性的。战争并非天然的极端主义，但种族灭绝的战争一定是。

激进化为极端主义指内群体的极端主义倾向升级，表现为对外群体的看法日益负面，或者支持对外群体的敌对或暴力行动日益升级。激进化是一个改变的过程，而非结果。

学术界对极端主义和激进化的含义缺乏共识，这无疑会令这些定义在某些方面引发争议。相较于之前的大多数定义，本书的这些定义主观色彩更淡，但也不可能完全消除灰色地带。在我看来，这些定义融合了跨越意识形态界限的灵活性和足够的特异性，以应对这些术语常常在使用时表现出的主观性。

极端主义光谱

就像激进化为极端主义的定义所提示的那样，极端主义体现为一系列信念的光谱而非一个固定的终点。通常决策者和活动家有充分的理由把注意力聚焦在暴力极端主义上。暴力是最具毁灭性、升级性和不可逆转的极端主义典型表现。但并非所有极端主义运动都始于暴力，终于暴力。

极端主义出现在社会生态系统中的方式类似于天气。

世上没有完全一模一样的飓风，但是我们可以在它们形成时识别它们，追踪它们每一步的发展，并（尽管并不完美地）预测未来的走向。但是如果我们不了解热带风暴，就无法理解飓风；如果我们不了解风和水，也无法理解风暴。同样的道理，我们需要理解构成极端主义意识形态的要素，这样才能理解极端主义运动是如何运作的。

鲜有运动生来就极端。大多数运动都来自主流认同，这些认同肯定了某一内群体的优点——对某一传统或某一宗教的价值的自豪感——内群体没有要求必须对外群体采取敌对行为。随着时间的推移，外群体的定义发生了变化，从分类（被排除在内群体之外）开始，随着内群体对外群体的看法日益负面而不断升级。

第三章将考察身份认同运动如何定义并细分内群体和外群体。第四章将考察这些要素如何锻造成危机-对策叙事，从而推动集体之间的暴力和其他敌对互动。

延伸阅读

麻省理工学院出版社"基本知识系列"丛书旨在为一

些引人注目的主题提供简明、易懂的概述,作为该系列之一,本书相对简短,侧重于广泛的概念。一些读者,尤其是学术界和在反恐、打击暴力极端主义领域工作的人士,可能对更透彻地探索这个极端主义框架及其展开有兴趣。

尽管本书收录了能描述本框架各面向的案例研究,但它们必定是简短的。所以,书末还收录了一份详尽的书目,为找到与本书某些部分相关的更全面的解释和扎实的理论探索提供了指南。这份书目涵盖了一些重要的书籍和文献,解释了这里讨论的概念的起源,并提供了一手来源的详尽证据(极端主义意识形态文本和宣传文本)。

3

第三章 内群体和外群体

加入某一运动的行为即主张自己拥有某一身份，所以，一些运动的成员身份总是以"我们相信"或仅仅"我们是"之类陈述开头。界定集体身份的最基本要素是内群体，即"属于"他们的人。内群体常常根据某些显而易见的关系有机形成。例如，出生和生活在波士顿的人们可能自视为波士顿人。不是每个生活在某处的人都会用本地集体来定义自己，但这是一种简洁、明确并通常有用的身份。

加入一个内群体并不天然令人反感，该身份认同通常是积极的行动。民族内群体的强自我认同可能会赞颂爱国主义；某一宗教内群体的强自我认同可能会提倡奉献精神；对某一种族内群体的强自我认同可能会以传统为傲。

但研究也显示,加入某一内群体可以是某些不那么值得称许的行为的前奏。许多研究表明,仅仅内群体身份认同的行为就会使人们更容易为偏见所影响,偏袒同伴,诋毁外群体成员[1]。

在确立成为内群体成员的标准后,自然而然就形成了外群体。一些从未生活在波士顿的人被波士顿人内群体排除在外。例如,纽约人就是波士顿人外群体的一部分。

但是对许多波士顿人而言,仅仅以地理来判断一个人是否符合加入内群体的资格只是给这个清单开了个头。一些波士顿人会非常乐意列出波士顿人和纽约人的大量不同之处——包括口音、穿衣风格和运动队的水平。这些不同之处有时会被强调为嘲弄或厌恶的理由,且敌意是双向的,尽管人们常常抱以半开玩笑的态度。

内群体和外群体的身份边界通常模糊不清,充满主观判断,并随着时间流逝而不断变化。例如,如果你在波士顿生活了四十年然后在纽约生活了十年,你可能仍然自视为波士顿人。如果你在纽约生活了二十五年然后在波士顿生活了十五年,你可能自视为波士顿人,但一些波士顿人会视你为纽约人。

随着时间的流逝，在一些特定的语境下，波士顿人的定义可能扩展到居住在大波士顿地区（包括郊区）的人。但是当人们在该内群体中互相交流时，比起更广泛意义上的大都市居民身份，特定社区的身份认同可能更受欢迎。个人如何自我分类通常取决于语境。例如，当你与纽约人交谈时，你大概会认为自己是波士顿人；但当你与来自另一个社区（例如北区）的人交谈时，你又有可能自认为南波士顿居民。

这些主观易变性导致定义谁在你的内群体而谁在外群体变得非常复杂。极端主义运动极其重视将该问题中的主观性剔除干净，他们努力消除灰色地带，明确界定以下内容：

- 是什么让个体成为内群体的一部分？
- 为什么内群体具有正当性？
- 是什么让个体成为外群体的一部分？
- 为什么外群体不如内群体正当？
- 内群体成员应当怎样与外群体成员互动？

最后这个要素可能是主流身份认同与极端主义身份认同最重要的区别。当内群体和外群体成员的利害关系较弱时，正当性问题就没那么重要，和平共处成为主流。搬去纽约的波士顿人可能会在家庭聚会时被取笑——甚至可能在体育比赛中被奚落。但是这些身份通常不是生死攸关的问题。

定义内群体

身份认同始于家庭。生活在一个社会中，人不可避免地不是主动加入就是被动接纳成为某种内群体的成员。例如，你可能并不会主要以白人的身份来看待自己，但这种归属关系会影响社会其他成员在求职面试或是车辆路检时与你的互动方式。

当诸如住哪、在哪上学等方便简明的方式已经不足以定义一个群体的身份时，就需要一套叙事来解释这个集体的内涵了——这个身份意味着什么，从哪里而来，最终要走向哪里？一个内群体的定义描述了内群体成员的原型或典型形象，该定义包含三个主要因素[2]：

- **信仰**：内群体中共享的信条，最重要的是其价值观，也包括宇宙论或形而上学等次级要素。
- **特征**：适用于内群体成员的描述性特质，包括身体（如肤色或发型）、心智（智力或创造力）、社交（方言、俚语和口音）或精神（正直或虔诚）。
- **实践**：内群体成员的行为以及他们的预期行为方式，包括：
  - 过去的行为：该群体的历史
  - 现在的行为：该群体今天的行为方式
  - 未来的行为：该群体的命运

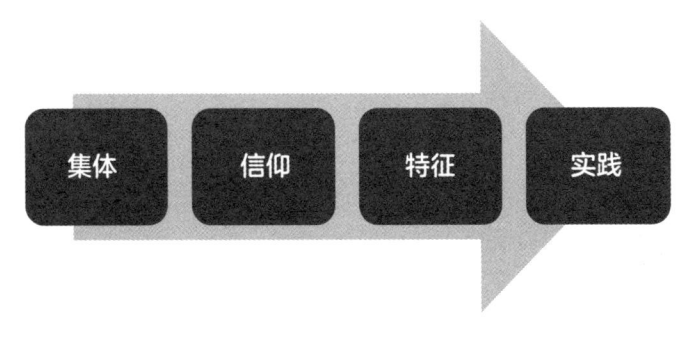

图　群体定义的要素

界定这些特质需要花时间,且并非所有身份群体都完全符合本叙事的每个部分。但是它们大部分最终会以某种形式出现。出生在波士顿可能足以让你有资格成为波士顿人,但是地道的波士顿人知道他们的城市是怎么一回事。他们知道并珍视波士顿在美国独立战争这段历史中扮演的角色,他们知道如何用好吃的杂烩海鲜浓汤招待客人,他们用俏皮的本地俚语来交谈。

这些细节越累加,某种身份越变得和其他身份不一样。当这些细节的集合开始凝结成一套历史和当代的叙事时——当它不再是一份事实清单而开始成为"我们的故事"时——这就变成了一种建立正当性和群体凝聚力的有力工具[3]。

这套关于身份的叙事建立起来后,还会不断自我强化。历史(无论是真实的还是神话化了的)最初都会被用于建构一种身份。但是随后身份成为一面滤镜,后续有目的的历史需要透过这面滤镜来书写。这就形成一个循环,使历史和身份同步为统一的理解[4]。

定义外群体

仅仅是外群体的存在不会自动标志内群体已经走向极端主义。直到内群体开始对外群体采取敌对态度时,一场身份运动才算趋向极端。为此,要得到清晰的定义,外群体也必须经过身份建构的叙事过程,这种过程与内群体定义的建构并行——这份模板包含描述外群体的信仰、特征和行为(过去、现在和未来)。相比内群体,对外群体的定义往往是负面的。

重要的是,被用来给外群体定性的信息来源往往不怎么可靠。内群体成员直接经历其个人信仰和当前实践(尽管这些经历往往经过拣选且不完整)。相比之下,有关外群体信念和行为的信息往往混杂着真相、诠释和虚构。随着一场运动转向极端主义,这种混合体会趋于虚构,变得更有害、更咄咄逼人地突出负面信息点并忽略或驳斥正面信息点。

个案研究:英国以色列主义

白人民族主义运动起源于所谓的基督徒身份运动,它说明了内群体身份的叙事是如何建立起来的。基督徒身份运动是19世纪一个被称为英国以色列主义的运动种族主义化的产物，该运动主张盎格鲁-撒克逊人是以色列失落部族的后裔。

犹太教和基督教的经文描述了由十二支部族组成的以色列国，但只有两支在约公元前8世纪后的历史中留下记录。随着时间的推移，剩下的十支部族的命运激起了热烈的宗教猜测和神话演绎。一个闪闪发亮的历史神话谱系将许多不同的种族群体认定为失落部族的所谓后裔，包括盎格鲁-撒克逊人、美洲原住民、巴基斯坦人、印度人、毛利人、日本人和若干不同地区和国家的非洲人，以及"黑人"项下的所有人[5]。

对英国以色列主义者而言，声称失落部族和盎格鲁-撒克逊之间的种族联系，最初是为了将大英帝国确定为《圣经》预言的继承者，这些预言有关一个受到神佑的"万国之国"。根据英国以色列主义的观点，美国与玛拿西部族有关，该部族据预言会成为一个与大英帝国相当的"伟大国家"[6]。英国以色列主义主张一种历史观点，即大英帝国和美国是——从基因和事实上，而非从隐喻上——当代的以色列民族，因此是上帝应许的继承者。

这种意识形态起初是为了加强内群体盎格鲁－撒克逊人的正当性，将其族谱追溯到失落的部族。英国以色列主义理论家们将此作为一种明确的种族理论，给予盎格鲁－撒克逊人以优越地位，但其最初的叙事也将盎格鲁－撒克逊人和犹太族群结合在共同的闪米特遗产中[7]。

英国以色列主义的这个论断既不简要也不自明，所以其信徒不得不建构一套既能定义内群体又能树立正当性的叙事理由。换言之，他们必须用一个有说服力的故事来解释盎格鲁－撒克逊和神圣的以色列国之间的融合是如何形成的，为此，他们就该主题写了上百卷冗长的著作。

英国以色列主义的作者们首先引用了围绕《旧约》中广泛宗谱的经文。他们宣称，《圣经》中描述的大事记和族谱显示，以色列的王权和与上帝所订立的盟约都传给了失落部族的成员，而非现代犹太人。由此出发，他们组装历史、民间故事和传奇，将盎格鲁－撒克逊人与失落部族联系起来[8]。

早期作者承认甚至欣然接受盎格鲁－撒克逊人和犹太人之间的血缘关系，但是英国以色列主义与犹太教之间隐含着紧张关系。当时基督教流行的观点是,耶稣的到来使上帝和以色列及犹太人所立的盟约失效。从这些作者的视角来看,英国以色列主义重新激活了那些盟约,更新了上帝"选民"的身份,并将盟约扩展到盎格鲁-撒克逊人。从英国以色列主义的视角来看,这没有从犹太人那里拿走任何东西,因为那是他们早已失去了的。

然而,在犹太人看来,与上帝订立的盟约从未作废,所以让盎格鲁-撒克逊人成为犹太盟约的受益者多少有点剥夺他们权利的味道,尤其是因为英国以色列主义作者们一致认为,犹太人必须皈依基督教,以便完完全全实现预言和"万国之国"的霸权[9]。

英国以色列主义神学始于表面上看起来无伤大雅的提升内群体正当性的活动。但是这也为把犹太人当成外群体埋下了伏笔。如果大英帝国是合法的以色列国家,那么接着也能推导出,其他任何声称拥有这一衣钵的人都必定不具有正当性。由此,20世纪40年代犹太国家以色列的建立为这场运动带来危机,最终导致了后续意识形态的产生——被称为"基督徒身份"的暴力反犹运动。

英国以色列主义的例子也让我们能理解极端主义身份

的一个关键点：它们是流动的。虽然极端主义者在任何时候都极力要将内群体的定义具体化，但随着时间的流逝，随着环境的变化，定义也在不断发生变化。例如，当英国以色列主义变成基督徒身份运动，该内群体的定义从盎格鲁-撒克逊人扩展到更为广泛的包括诸如斯堪的纳维亚人和条顿日耳曼人等其他民种族在内的"白"种人。

划分内群体

对大多数人而言，个人身份可以由一些互相重合的、令人有归属感的圈子构成，例如"我是美国人，我是爱尔兰裔，我也是罗马天主教徒，我还是环保活动者"。组成任何特定个人身份认同感的各个部分可以是互补、中立或者矛盾的："我是民主党人，但我也支持持枪权""我是共和党人，但我也支持堕胎权"。

对极端主义者而言，他们所属的圈子中只存在单一身份。一些身份被合并到一个统一的结构中（"我是美国人，但美国是基督教国家"），而另一些身份则成为完全排他的（"我不是伊拉克人，因为我首先是穆斯林"）。

极端主义意识形态对身份的定义狭隘而排外，并在内群体和外群体间设立严格的界限。讽刺的是，这一要求既能提升更大群体的凝聚力，也能分化内群体。对外部共同的消极态度可以强化某些内群体成员之间的纽带[10]，但也会给内群体成员带来压力，迫使他们对外群体采取更敌视的态度。当这些情况发生时，内群体的团结就会受到压力。

请记住，大多数宽泛的身份并不是极端主义的。辨别盎格鲁－撒克逊人或非裔美国人、基督徒或穆斯林的身份，都不能算作极端主义。像"基督教身份"和"伊斯兰国"这些极端主义运动源自这些宽泛的身份认同，但是它们很快就具有了自身独有的特征。

当一种极端主义身份出现时，它一定会从其发源的更宽泛的身份群体中招募追随者。这一过程要求极端主义者将内群体划分为若干子集。当极端主义运动形成强健的组织架构并准备招募时，这些子集的重大价值就显现出来了。

一个成熟的极端主义组织会在意识形态架构中划分出三个重要的子集：

- **极端主义内群体**：极端主义运动或组织自身。对一个像"伊斯兰国"这样高度发达的运动来说，这部分可以包括正式成员和积极支持者。
- **适任者内群体**：极端主义组织宣称其所代表的某个宽泛的身份集体，并从中招募成员。就"伊斯兰国"而言，逊尼派穆斯林构成了适任者内群体。所有逊尼派穆斯林都有资格加入"伊斯兰国"。极端主义群体往往认为他们是适任者群体中最纯洁、最先锋的代表。
- **失格内群体**：从极端主义运动的视角来看，指那些可能会被驱逐出内群体的内群体成员。当一个符合条件的内群体成员拒绝了极端主义运动，极端主义者可能会转而寻求将他们驱逐出适任者内群体。随着极端主义运动的发展壮大，它开始将适任者的加入视为一种义务。换言之，对像"伊斯兰国"这样的群体来说，逊尼派穆斯林不仅"有资格"而且"有义务"加入这场运动。[11]例如，"伊斯兰国"经常宣称反对其教义和策略的逊尼派穆斯林是整个伊斯兰教的叛徒。

对于一些尚未变得极端或者尚未形成独立组织的运动而言，内群体的细分可能定义不充分或完全未定义。失格内群体和外群体之间的界限可能模糊不清。在一些案例中，失格的内群体成员可能会被归为极端组织的功能外群体——成为集中极端主义内群体怒火的主要或唯一焦点。由于失格成员的"背叛"不能用无知来解释，因此极端主义者对失格内群体可能会比对外群体更充满敌意、更有暴力倾向。通常情况下，失格群体既背负背叛的耻辱又尚存被救赎的可能。

相对地，极端主义内群体有严格的界限，很少会容忍消极被动的态度。极端主义内群体几乎普遍以其自身**纯洁性**的信念构建起来的。在这种语境下，纯洁性指的是衡量一个内群体与意识形态所描述的内群体身份的原型有多接近。极端主义内群体成员自视为适任者内群体的象征——其最纯正的态度从未被外群体意识形态或种族的影响所污染。信徒们通常规定，适任者内群体成员在加入极端主义内群体前必须净化自己，让自身成为符合这一身份的典型个体。

当一个极端主义运动积累了一定数量的追随者并开始

招兵买马时，这些分类就变得尤其重要。为了吸引成员，极端主义组织必须提出一个迫在眉睫的、由两部分组成的主张，一方面将外群体妖魔化，另一方面要求适任者成为极端主义者（会在第四章讨论）。

个案研究：异端学

在基督教最早期，没有统一单一的定义说明怎样才算耶稣基督的信徒，从而才是基督徒内群体的一部分。该宗教建立后的前几个世纪里，出现了各种各样相互竞争的观点和教派，从传统的犹太教将耶稣解读为一个肉眼凡胎的先知，到诺斯替主义复杂而深奥的宇宙论，一应俱全[12]。

在某个时间节点，这些信仰开始形成所谓的"基督徒"身份，他们很快开始排斥诸如犹太人或异教徒等其他身份。随着基督教信仰版图的扩大，这些教义也朝不同甚至常常互相冲突的方向演进。基督徒领袖很快就急于从这些互相竞争的教义中筛选出一个"真正的"宗教。

作为这一进程的一部分，他们明确了一个相对晚近的概念，即**异端**或者**叛教**，认为本质上错误的信仰或行为会使内群体中在其他方面适任的人失去其在内群体的资格。在主流的神学体系中,异端和叛教是不同的概念,前者指内群体中错误的宗教信仰,后者指完全否定内群体[13]。在极端主义中,这些概念常常被混为一谈,因为极端主义者相信某些错误信仰与摆明了抛弃内群体的行为同样恶劣。

早期的基督教异端猎手包括查斯丁和爱任纽,前者就本问题的著作已经失传,后者部分手稿得以留存。查斯丁和爱任纽汇总了基督教的各种派别,认为它们受到撒旦的影响而变成"邪恶的"内群体教派,并要反对正在崛起的内群体正统罗马天主教,而只有罗马天主教的教义才是唯一正确的基督教信仰[14]。

爱任纽写了五卷本的《反异端论》,意在用清晰的定义来判定行为和信仰是否正统(正确内群体定义的一部分),从而强化内群体的凝聚力。那些偏离他所提出的正统观念并拒绝接受纠正的教徒都是失格的内群体成员——受撒旦影响的"异端"或"叛教者"。

爱任纽写到,必须通过强有力且持续的反驳来反对失格的内群体成员,这是一种温和的反对方式[15]。但他所界定的异端和叛教为今后一些更独断的身份定义奠定了基础。在君士坦丁皇帝精心安排编纂罗马帝国治下基督教会的正典之后，其继任者采取措施，在又称《全体人民》的《萨洛尼卡敕令》中使该正统观念具有法律约束力。这项法令于公元380年发布，确立了天主教作为罗马帝国国教的地位。

为了得到国家的完全认可，公民必须承认正统教义的真理性。拒绝正统教义的人"不仅会受到神的惩罚，还要以我们的方式来惩罚"，这意味着要依法惩处。后来的法令明确规定，罗马帝国的世俗力量也要为教皇服务，以执行正统的规范[16]。

在《全体人民》发布后不久，公元4世纪的君士坦丁堡大主教金口圣若望发表了一系列题为"反对犹太人"的演讲，批评那些仍然遵守犹太习俗并与犹太社区保持联系的各派基督徒。虽然其主要目标是失格的内群体，但他的大量反驳基于谴责犹太外群体。金口圣若望还详述了许多对犹太人的恶毒指控，包括指控犹太人将儿童献祭给恶魔[17]。

"如果你认同犹太人的生活方式，你与我们还有什么共同点呢？"他这样劝谏其基督徒同胞[18]。金口圣若望力劝其追随者效仿他,"憎恨"和排挤犹太人以及那些保持犹太教习俗(如斋戒)的基督徒。他建议信徒直面并斥责那些与犹太人混在一起的其他基督徒——如果他们不接受口头劝诫,甚至可以殴打他们。如果暴力还不能贯彻内群体的规范,那么那些拒绝看到光明的人就应该被逐出基督教社区[19]。讽刺的是,金口圣若望自己也顶着异端的嫌疑死于流放,尽管后来他还是恢复了名誉[20]。

这些如今作为圣人留名青史的教父是否应该被理解为极端主义者?极端主义是一套信仰体系,未必是结构单一的目标。很少有历史学家把爱任纽引述为我们今天所理解的极端主义的一个事例,但是他在激发异端观念方面的作用,无论从短期还是长远来看,对教会发展的轨迹都产生了戏剧性的影响,影响了犹太教、伊斯兰教和其他宗教的异端观念。

内群体的纷争是树立正统过程中不可避免的一部分,爱任纽显然非常关注该过程。金口圣若望的手稿则存在更多问题。虽然他宣称的目标是纠正失格的内群体成员的做法,其布道却呼吁使用暴力,并呼吁全面攻击作为敌对外群体的犹太人。许多人认为金口圣若望是反犹主义历史上极端主义是一套信仰体系,未必是结构单一的目标。

_____

的一个重要人物，理由相当充分，尽管这种理解既不单纯也并不普遍。

无论这些人是否符合我们对极端主义的先入之见，他们早先对内外群体定义的运用为基督徒在未来几个世纪对异教徒和其他外群体施加更血腥的攻击做好了铺垫，最初的形式是基督徒对异教徒和犹太人的袭击和暴民暴力，后来还出现了更阴险的十字军东征和宗教裁判所[21]。

身份认识论

身份的形成往往出于方便，基于环境，但除非把身份彰显出来，否则它们不会以有意义的方式存在。身份是被创造出来的，而非被发现的，所以理解聚合身份的过程非常重要。每个群体定义——内和外——都是一个模板，等待着被与信念、特质和实践相关的信息填充。这些信息的来源塑造了群体的态度。

我们有两种获取信息的方式——通过直接经验（发生在我们身上的事）和通过传播（别人告诉我们的事）。经验和传播都是主观的，但是传播尤其容易受到真诚误解、意外错误信息和刻意操纵的影响。

内群体成员通常直接感受着内群体的信仰、特质和现时实践。他们通过传播获取关于过往实践的信息——例如，以经文或成文历史的形式。对极端主义思想家而言，实践常常是要去强调的、最显著的要素，因为内群体的实践最为清晰地定义了身份，而外群体的实践则最为明确地界定了他们对内群体的威胁（见第四章）。

内群体成员甚至更加倚重被传播的二手信息来了解外群体。分类本身就会强行区隔内群体和外群体，从而提高叙事在理解外群体时发挥的作用。叙事对于正在向极端主义发展的内群体而言甚至变得更为重要，因为内群体成员被敦促或被命令避免与外群体发生联系，从而无法获得可能与其对外群体日益负面的观感相抵触的信息数据。

叙事能产生多大作用，非常依赖语境[22]。总体而言，有研究明确表明，不同社会群体之间的直接接触有助于消除对彼此的负面印象[23]。例如，针对美国人对穆斯林看法的调查显示，认识穆斯林的美国人更少对他们抱持负面观点[24]。

但是，内群体成员如果与外群体成员有强烈的负面个人经历（比如遭遇了种族歧视或暴力冲突），就会对整个外群体采取非常负面的观点。与外群体有创伤性个人经历的人可能会去寻找解释,这让他们更容易受这些叙事影响,将自己身上发生的事置于更大的背景下去理解[25]。

抑制或禁止内外群体直接接触的禁忌制造了一个便于添油加醋的空间,在其中,关于该外群体的建构性叙事得以扩散并占据权威。这些叙事依托于被传播的信息,包括以下内容:

- 关于过去的信息,例如:
    - 真实或被广泛认可的历史
    - 被演绎或修正的历史
    - 未经证实的历史,例如经文、神话和传说,还有历史演义或历史小说
- 关于现在的信息,例如:
    - 真实的新闻
    - 假新闻或虚构作品
    - 阴谋论
    - 分析
    - 观点

抑制或禁止内外群体直接接触的禁忌制造了一个便于添油加醋的空间，在其中，关于该外群体的建构性叙事得以扩散并占据权威。

- 关于未来的预测,例如:
    - 分析
    - 预言
    - 反乌托邦或末日小说

74   这些信息来源塑造了每个群体的定义。随着一场身份运动逐步向极端主义升级,人们所认知到的优越的内群体和背信弃义的外群体之间的反差也会越拉越大。

4

第四章　危机和对策

社会共同体分化成内群体和外群体很正常，而内群体发展出对外群体的消极态度则令人遗憾。内群体和外群体相冲突很常见，他们可能要争夺资源，在价值观上产生分歧，甚至偶尔在战争中兵戎相见。这些司空见惯的事件本质上通常并非极端主义。即使包含偏执和仇恨，大部分冲突也都是情境性的、短暂的。

极端主义与普通的摩擦——盲目的恨意和路人式种族主义不同，它彻底合理化了存在争斗的原因，并坚持必须争斗。这已经不只是厌恶和偏见。极端主义与偏见有关，但它是一个截然不同的命题。它认定必须始终积极反对外群体，因为持续不断地伤害内群体是外群体顽冥不化的本性。

这种反对的本性具体表现为一条从破坏性较小的方式（如辱骂或排挤）到不同寻常的策略（如拘禁和种族灭绝）的光谱。战术性的临时休战是有可能的，但极端主义者相信内群体的成功与对外群体的敌对行动密不可分。除非外群体已经被决定性地控制或摧毁，不然永久和平不会到来，但这是一个难以实现的目标。即使在外群体被有效摧毁的罕见情况下，极端主义内群体也总是会寻求同新的外群体继续发起战斗。例如，阿尔比十字军在讨伐中消灭了清洁派（见第一章）后，罗马天主教会又发起了一系列不断升级的宗教审判，旨在铲除其他形式的异端邪说。

　　敌对行为的必要性与这样一种信念联系在一起，即外群体必然以某种方式阻碍内群体的成功，这种阻碍源于外群体的内在身份。随着极端主义身份的构建，内群体开始将外群体视为一个对自身正当性的绝对威胁。正是该威胁制造出**危机**，即一个需要内群体积极应对的关键事件。极端主义内群体提供了一个**对策**，该对策由针对外群体的敌对行动构成，以此努力化解危机。这就是极端主义的价值主张[1]。

极端主义内群体提供了一个对策,该对策由针对外群体的敌对行动构成,以此努力化解危机。这就是极端主义的价值主张。

———————————————————

个案研究:极端主义模板

在前"9·11"时代,基地组织最臭名昭著的宣传影片就是2001年年初以录像带形式发行的《乌玛之国》。乌玛是一个阿拉伯语词汇,指全球穆斯林社区。按照当时的标准,这是一部投入高昂的极端主义宣传片,该纪录片分为三部分,每部分都由大号加粗的黄色字母书写的标题卡导入。

第一部分"穆斯林乌玛的状况"生动描述了困扰世界各地穆斯林的一系列相互关联的危机,包括在阿富汗、波斯尼亚、车臣、格鲁吉亚、克什米尔、库尔德斯坦、巴勒斯坦、菲律宾、索马里、塔吉克斯坦等国家和地区针对穆斯林的暴行,这些事有些是真实发生的,有些是被歪曲了的。它描述了数十万穆斯林被屠杀,数万穆斯林妇女被强奸。穆斯林在这里被描述为基地组织的适任者内群体,他们的处境被描绘为水深火热。

第二部分"原因"定义了基地组织的外群体,包括"近"敌(由沙特阿拉伯和埃及腐败的阿拉伯政权构成)和"远"敌(包括支撑着近敌的犹太人、俄罗斯人和美国人)。该部分包含大量埃及人和沙特人罪恶行径的剪辑片段，他们被描述为与远敌狼狈为奸。

纪录片第三部分的标题是"对策"，以奥萨马·本·拉登的讲话片段为导入：

> 因此，如果我们已经了解了病灶，接下来就要谈治疗。药方就在真主之书中。Hijrah（迁徙）并Jihad（战斗）……因此，穆斯林，尤其是那些身处领导位置的忠贞学者、诚实的商人和部族首领，有责任为安拉的事业而迁徙，找到一个他们可以高举"圣战"旗帜的地方，振兴乌玛，捍卫他们的宗教和生活。否则，他们将失去一切。

"对策"不仅仅是"圣战"（这里的"圣战"意味着暴力行动），而是基地组织，该组织的战士被描述为接受了大量恐怖主义和叛乱战术训练。为了让穆斯林的内群体成员能够获取对策，他们首先必须加入或支持基地组织。

危 机

一般的问题会以一般的办法来应对。但当人们认为这场危机如此广泛如此严重、整个社会的兴衰都取决于怎样解决该问题时，就会考虑不同寻常的对策。随着运动激进化并趋向极端主义，他们对待外群体的消息态度愈发强烈，直到他们认为内外群体的斗争迫在眉睫，必须采取敌对行动。如果这个激进化过程不受约束，继续发展，这些拟议行动的性质会变本加厉，最终导致暴力。

正如上一章所讨论的，一旦规定了外群体的存在，就必须对其下定义。真实的冲突——如内外群体之间的政治争端或暴力冲突——与幻想和罗织出来的信息混杂在一起，目的在于建构出一套危机叙事。其真实和虚构的比例在每场极端主义运动中各不相同，但这种混合始终存在。

极端主义运动依赖于几种类型的危机叙事，这些叙事可以单独使用，也可以打出一套组合拳。可以预料的是，能够存续相当长时间的极端主义运动会同时或连续运用多种危机叙事。

正常的政治危机常常出现在极端主义叙事中，但一般不足以驱动极端主义意识形态的发展，因为正常政治的主要功能之一是通过讨价还价和妥协迅速化解冲突。

极端主义运动并不寻求以常规方式来化解冲突，他们以拒绝妥协著称。极端主义面临的危机以外群体的身份本质为前提，所以如果不能永久地控制或消灭外群体，就无法解决这种危机。

因为危机和外群体身份之间的深度绑定，极端主义者无法把敌对行动的需要与内群体的成功或幸存分开。极端主义的危机不是相对的或有具体情境的；它们不可调和地产生自内群体和外群体定义之间的鸿沟。

极端主义者最常使用的危机叙事包括：

- **不洁**：内群体信仰、实践或特征的腐败堕落，有时还包括受到外群体信仰、实践和特征的渗透。
- **阴谋论**：相信外群体从事秘密行动去控制内群体的成果。
- **反乌托邦**：相信外群体已经成功地将社会导向对内群体不利的方向。
- **生存威胁**：相信外群体威胁到内群体的存续。

正常政治提供了迅速化解冲突的机制，但极端主义运动并不寻求以常规方式来化解冲突。

_____

- **天启大灾难**：相信外群体将在不远的未来招致历史全面终结。

除了这些往往假定内群体目前处于劣势的危机，成功的极端主义群体可能面临**胜利主义**的危机（相信内群体的成功只能通过不断升级针对外群体的敌对行动来维持）。

不　洁

在极端主义的语境下，**纯洁**可以用来衡量当前内群体与某一意识形态所描述的内群体身份原型的契合程度，包括信仰、特征和实践。对纯洁性的攻击常常被解释为更广泛的危机的一部分，就像接下来的叙事所描述的那样。但在某些情况下，纯洁和不纯洁是危机的根源。

当内群体背离原型身份时，不洁开始演化为危机，如果内群体在信仰、特征和实践上开始接近外群体，那么这种危机就已经相当严重了。与外群体过分友善的联络或通婚，或者在内群体中传播外群体的身份要素，都会腐蚀内群体。

对于以遗传来严格定义内群体的种族极端主义者而言，不洁是一种事关生死存亡的威胁，使所有其他问题都显得微不足道。种族通婚会产生不符合内群体定义的后代，这种联姻被视为以牺牲同种族内的婚姻为代价。所以，今天的白人民族主义者将种族混血称为"白种人的种族灭绝"，因为他们认为这样会减少"纯种"白人的有效人数。

对宗教和意识形态的内群体而言，纯洁的含义可能更为复杂，因为被认为与外群体接触所导致的腐化本质上属于心理或精神层面。对于这些群体而言，不洁通常是更大危机的组成部分。

例如，在伊斯兰主义和"圣战"极端主义运动中，这种伊斯兰"纯洁"宗教的堕落[2]会直接导致穆斯林的苦难——敌人首先把他们推向试图摧毁他们的外群体，然后鼓励 *bid'ah*（宗教改革），通过"改变"宗教来腐蚀内群体身份的纯洁性[3]。

阴谋论

"奥卡姆剃刀"是一种分析原则，它指出"如非必要，勿增实体"，基本意思是理论应该精简，应该恰到好处地解释所观察到的世界。这通常被阐释为"越简单的解释越有可能是正确的"[4]。

相反，极端主义者则是奥卡姆的砌砖匠。他们兴致勃勃地不断增加实体，随着时间的推移倾向于使用日益复杂的理论来解释整个世界，尤其是外群体的本质。阴谋论认为，外群体通过秘密手段直接掐住内群体成功或生死存亡的咽喉。

阴谋论是极端主义者理论家最有力且最常用的工具之一，用以解释困扰内群体的真实的或感知到的问题，他们将这些问题归咎于外群体精英成员强大集团的阴谋。他们运用一种不懈地推动极端主义叙事的双轮驱动，将影响力从内群体转移到外群体：

- 内群体集各种资质于一身但缺乏行动力。
- 外群体缺乏资质但具有非凡的行动力。

横在两极之间的鸿沟制造出尖锐且只能用非常手段解决的危机。解决该危机需要创建一个平行于内群体的子集，它拥有抵制外群体的力量——即同时具备高水平的资质和行动力的极端主义内群体。资质和行动力之间的差距频繁出现在极端主义世界观中，而阴谋论也许是描述它的最有效方式[5]。

研究表明，阴谋论常常源于为复杂问题提供清晰连贯的解释的欲望[6]。真实的世界是芜杂的，而阴谋论常常是神秘的，它们倾向于干净利落。根据美国历史学家理查德·霍夫施塔特在1964年发表的经典论文《美国政治中的偏执狂风格》[7]所言，一个阴谋论如果逻辑不自洽就什么都不是——事实上，偏执狂的头脑远远比真实世界更条理清晰，没有为错误、失败或歧义留下任何空间。即使不是完全理性的，至少也具备了强烈的理性主义色彩；它坚信自己所面对的敌人绝对理性，完全邪恶，寻求能与其完全的自信所匹配的推论，不留任何无法解释的东西，以一种过于宽泛的、连贯的理论来理解一切现实[8]。

阴谋论也是逐步累积起来的，在此意义上，一个阴谋论的信奉者很可能信奉更多阴谋论[9]。在阴谋论进入某一运动的生态系统后，更多的理论或更多对现存理论的阐释定会随之而来。所以，阴谋论是极端主义文本中最常见的危

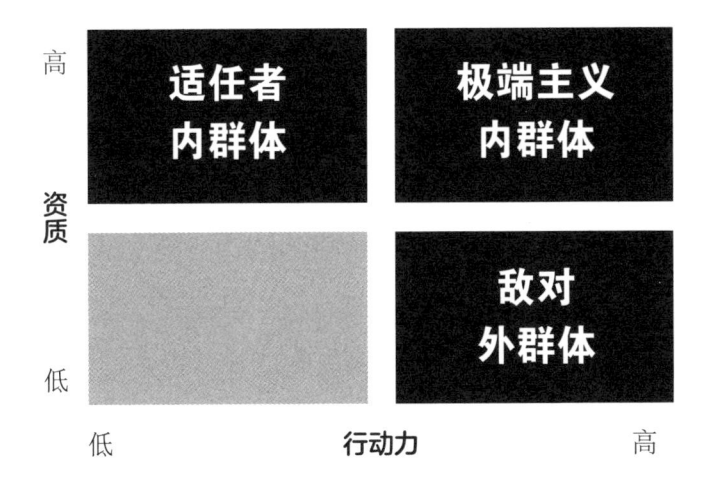

高	**适任者内群体**	**极端主义内群体**
资质		
低		**敌对外群体**
	低　　　　**行动力**　　　　高	

图　极端主义阴谋论中价值与行动力的分布

机叙事之一。

如前一章所述，阴谋论作为信息而被传播，但它们常常源于解释个人经验的欲望。例如，研究显示，当种族内群体的成员直接经历某种形式的歧视，他们可能更倾向于用阴谋论来解释这重经验[10]。当内群体成员的现状被某种情形扰乱，他们可能会求助于阴谋论来解释这种不确定性。

但是阴谋论的实质内容总是具有传播性，因为它试图以公开的事件去曝光并描述那只看不见的手。结果是,阴谋论的叙事非常容易受人操纵。

这种影响因阴谋论包含内在的论证要素这一事实而被放大。它们不是单纯地讲故事,还试图将听众引导到一个特定的结论上去[11]。极端主义理论家将阴谋论置于建构的外群体身份的核心位置,以激增的细节来修饰对外群体的描述。就像霍夫施塔特敏锐地观察到的那样:

> 偏执性文本最令人印象深刻的一点,恰恰就是它几乎无一例外地表现出对论证的精心关注……这些偏执狂得出的结论有着令人拍案叫绝的特征,他们不懈地寻求"证据"以证明难以置信之事是唯一可信的……偏执性文本不仅始于某些能向不那么偏颇的人证明其正当性的特定的道德承诺,还小心翼翼地、着魔般地积累"证据"。[12]

对任何身份群体的描述,随着时间的流逝会自然而然积累下许多细节,但细节的突然激增可能与正在蓬勃发展的极端主义潮流有关。

激进化最终关注的是扩大内群体与外群体之间的鸿沟。所以，虽然阴谋论主要关注解释外群体的行为，但这仅仅构成双轮驱动的一半。当内群体被描述为珍贵但易碎的时，最大的鸿沟就会出现。随着每种描述的细节激增，内群体和外群体之间的鸿沟有时被以非常惊人的速度拉大。

反乌托邦

反乌托邦是一个败絮其中的社会。它腐败、误入歧途、无效、道德沦丧、暴虐、失控，或同时具备以上全部特质。鲜有危机能比这更严重且更令人不安，对极端主义思想家和宣传者而言，反乌托邦的叙事简直价值连城。

许多极端主义叙事大体上是反乌托邦式的，这对于试图从根本上颠覆社会的恐怖主义和革命运动而言，是一个尤为有用的母题。当一套系统整体病入膏肓，完全摧毁现存社会秩序无疑是最为合理的。

对反乌托邦的恐惧能通过选择性地报道真相来散布。反乌托邦叙事能与阴谋论焊接在一起，或在小说中加以描绘。尽管反乌托邦主题在许多极端主义运动中都扮演了一定角色，但最近两个世纪以来，它们在右翼和种族主义小说中得到了更显著的体现，包括南北战争前在美国出版的支持奴隶制度的小说《展望未来》和20世纪70年代在法国出版的反移民种族主义小说《圣徒的营地》之流。反乌托邦小说流派不那么知名的例子都是狂热的种族主义梦魇[13]，如1978年出版的《特纳日记》，这是一本描写少数族裔接管美国并让白人缴械的白人民族主义小说。该书在很大程度上启发了导致168人死亡的俄克拉荷马城爆炸案，以及从写书那年至今所发生的其他几十起谋杀案。

然而，反乌托邦叙事绝不是右翼运动的专利。杰克·伦敦1908年的社会主义反乌托邦小说《铁蹄》鼓吹在美国发动一场暴力革命。网络黑客集体"匿名者"将盖伊·福克斯标识性的面具作为图腾，该面具形象出自创作于1982年至1989年的反乌托邦系列漫画《V字仇杀队》，该漫画后来被改编成电影[14]。

反乌托邦故事，尤其以小说形式，以逼真的描写紧紧抓住读者的想象。长期以来，反乌托邦类型的作品一直受到主流观众的欢迎，这使它成为极端主义极富吸引力的招募和宣传工具[15]。

在极端主义反乌托邦叙事中,腐败的政权偏爱外群体而不利于内群体,此类叙事往往以生动的方式体现或编造阴谋论[16]。它们也是极端主义内群体批判适任者内群体的工具。反乌托邦叙事常常责怪内群体成员的软弱和顺从忍让。例如,《特纳日记》用大量篇幅批判美国白人,指责他们的消极和缺乏信念会导致书中描述的反乌托邦式未来。

相反,反乌托邦叙事,尤其是被设定发生在近未来的虚构故事,可能比单单阴谋论式的叙事更有力,因为它们往往将预防或扭转社会腐败的策略也考虑进去了。就连极端主义信徒都有可能和小说中出现的领袖人物产生共鸣。在《特纳日记》及其许多模仿者的案例中,对行动的呼吁如此具体,以至于小说也成了一本指导手册。

小说这种形式在反乌托邦叙事的传播机制中尤为有效,但它不是唯一的传播载体。主流的和极端主义的政治花言巧语一样,会以包括演讲、文章、非虚构书籍和视频的多种形式,定期将对当下之绝望或近未来之灾难的幽灵释放出来[17]。

第四章 危机和对策

生存威胁

极端主义者常说内群体的存续面临着威胁,这些生存威胁常常被认为已经迫在眉睫,涵盖军事、文化或种族等多种形式。

像安德斯·布雷维克这样的反穆斯林极端主义者常常宣称,穆斯林现在就威胁着西方文明的生存,煽动对穆斯林移民和传教的恐惧,认为这会导致民主政治被彻底颠覆,而想象中的"伊斯兰教法"神权将取而代之。

某人的内群体被毁灭殆尽的前景会造成一种狂迷的恐惧,常被当作动员内群体成员的一种有效手段。当一个极端主义群体从压迫性的危机叙事(如阴谋论和反乌托邦)中升级成生死存亡的叙事(如迫在眉睫的种族灭绝)时,便拉响了极端主义暴力即将来临的警报。不过,一些运动也有可能在威胁还不那么严重的情况下就诉诸暴力;还有另一种情况是,当人们认为生存威胁发生在遥远未来的某个节点,那就没有必要现在就回以暴力了。

天启大灾难

天启大灾难是最高等级的危机叙事——它所预言的灾难不仅会摧毁内群体，更会消灭我们已知的世界。天启大灾难的危机叙事常常但并不总是用宗教术语描述历史的终结。

天启大灾难叙事分为两种。第一种单纯描述人类社会的终结。内群体成员被鼓动采取行动，通过反对外群体引发世界末日的行动来阻止这场灾难。例如，2011年生态极端主义宣言《深绿色抵抗：拯救地球的策略》认为，被定义为"工业文明"或"工业社会"的外群体正在大肆破坏环境，如果信徒们不去破坏甚至动用暴力，对工业系统以牙还牙，工业系统就会导致"所有生命"的毁灭[18]。

第二类天启大灾难叙事更为狡诈、更有诱惑力。**千禧年信仰**认为，当前世界将很快被完美的乌托邦世界所取代。千禧年天启运动叙事相信，当前的历史时代即将终结，这是典型的根据预言来断言的叙事。这波高潮导致毁灭性的宇宙波动，通常与被遴选的内群体和恶魔般的外群体之间一场启示录之战有关，此后，完美的乌托邦社会即将到来。

千禧年思想源于基督教的期待,即在启示录之战(Armageddon,一场善恶势力的终极对决)后,耶稣将再次君临,建立一套千年的神圣统治。只有在人类臻于完美的这段时期之后,世界才会终结,最后的审判才会降临。在千禧年的背景之下,启示录战争不是单纯的肆意破坏。它清除了反乌托邦世俗世界的沉渣,为完美乌托邦世界的到来做好准备。

天启大灾难运动已存在上千年,有时很短暂,但往往影响重大。就像阴谋论,它可能是对不确定性的反应。英国历史学家诺尔曼·科恩在他对中世纪千禧年主义者的里程碑式研究中写到,此类运动出现在"经济和社会快速变迁"的时期。静态社会角色的存在给人们提供了"一定的安全感,这是一种无论是持续的贫困还是突如其来的灾难都无法破坏的基本保障"。当"传统社会纽带被削弱或撕裂时",千禧年和末日运动就更有可能出现[19]。

必胜主义

尽管目前关于极端主义的讨论往往建立在不满和不利

因素的观点上，但极端主义并不仅仅存在于面临真正威胁的人群之中。我们通常认为危机是指灾难，但是"crisis"这个英语单词的词根由希腊语"*krisis*"派生而来，意为"分离、决定、判断、事件、结局、转折点、突变的行为"。同样在英语中，单词"crisis"也可以指转折点，即能改变历史进程的重大行动中的一个瞬间[20]。

当内群体经历了突如其来的、革命性的成功时，尤其是如果这项成就离不开破坏或攻击外群体的成功敌对行为时，一个非灾难性的危机可能到来。对于极端主义运动而言，这表现为必胜主义的话术。在这重套路之下，这场危机不是挑战，而是需要信徒积极参与以完全实现其目标的机遇。

体现这种效果的最臭名昭著的例子可能是《意志的胜利》，这是莱妮·里芬斯塔尔在1935年一次年度党内集会上拍摄的纳粹宣传巨作，展示了阿道夫·希特勒和纳粹政权，秀出了其伴随着排场和盛典的军事与经济实力。纳粹主义从一段动荡的时期和德国人民的挫折中崛起，它在必胜主义的光辉下蓬勃发展。

其他极端主义群体，尤其是"伊斯兰国"，也利用必胜主义取得了显著效果。基地组织建立其宣传和意识形态系统的前提是，这场运动过于势单力孤、难以取胜，所以采用恐怖主义。早在2011年，伊拉克"伊斯兰国"（后来成为"伊斯兰国"）就开始颠覆这套叙事，利用其宣传来吹嘘实力和展示一连串胜利。后来"伊斯兰国"占领摩苏尔，并于2014年6月宣称自己是一个哈里发国家，这证明了其必胜主义信念的正确性，并刺激该组织迅速成长为一个全球性的威胁。

随后如暴风雪般的密集宣传，则重点强调哈里发国家的历史使命和参与成功的乌托邦事业的诱惑力。这些从胜利走向胜利的信息，制造出一个幻觉，认为已完全实现了的千禧年社会正在以极端暴力的行为痛击"伊斯兰国"的许多外群体，尤其是什叶派穆斯林和西方人[21]。

必胜主义叙事的重点是最大限度地抬举了内群体（至少在此岸世界），但是这种抬举通常被视为脆弱的。只有持续不断地痛击外群体才能保证内群体立于不败之地。虽然这个外群体可能未必会被必胜主义的话术提及，但其威胁从未远离人们的视线。

个案研究:《锡安长老会纪要》

臭名昭著的反犹主义阴谋论小册子《锡安长老会纪要》(下文中简称《纪要》)自1903年首次出版后,广泛影响了各色极端主义运动。这本书是半剽窃式文本的集结,讲的是关于犹太人如何影响社会的一系列阴谋论,最先以俄语出版,后来又出了英文版[22]。《纪要》在1920年由波士顿的小梅纳德公司出版[23],从此美国读者也能接触到它。

《纪要》所宣扬的针对犹太身份的种族主义观点能在这么多年里引起广泛的共鸣,得益于多种原因,尤其是因为它对现代性和代议制政府的尖锐批评[24],而这主要是从莫里斯·乔利于1864年出版的《马基雅维利和孟德斯鸠在地狱中的对话》(以及其他来源)中剽窃的。在这本法文书中,犀利的批评是在法国皇帝拿破仑三世当权的时代背景下,由一个虚构的尼科诺·马基雅维利提出的[25]。

在《纪要》中,这些批评被重塑为一种国际危机叙事,这些危机由基于种族的犹太人的阴谋所造成。这些危机如此多样且广泛,以至于读者可以很容易将它们与真实世界令人担忧的趋势联系起来。美国版《纪要》的序言和附录将1917年俄国布尔什维克的十月革命归结为犹太人的阴谋,将反犹主义与共产主义联系到一起,这种臆断随后被各种极端主义运动吸纳。

《纪要》中的阴谋论由当时音量最大的麦克风放大并扩散传播出去,包括希特勒和第三帝国的宣传机器等。数百篇以《纪要》为论据的文章刊登在亨利·福特的报纸《迪尔伯恩独立报》上,这有助于使得反犹主义在美国流行开来[26]。

《纪要》阴谋论还在从相对低调的英国以色列主义身份运动(见第三章)转变为基督徒身份运动(一种恶毒和暴力的种族主义宗教)的过程中扮演了关键的角色。英国以色列主义的发起者们接触到《纪要》后,在他们的意识中,犹太人很快就从盎格鲁-撒克逊人的亲密战友变成了死敌。

在一份特别值得注意的文献中,一个匿名的英国以色列主义作家将《纪要》的阴谋论和反乌托邦小说的形式、基督教千禧年的愿景糅杂在一起,创作出基督徒身份的第一次正式声明。1944年出版的《何时?近未来预言小说》把《纪要》的阴谋论与英国以色列主义的《圣经》先例融合在一起,暗示犹太人毫无疑问是撒旦的血缘后裔,该观点后来被更多的后继作家继续更有力地加以发挥。该小说将这一阴谋论作为第三次世界大战爆发的直接原因,最终以基督君临地球、区隔种族并且建立起千禧年统治而告终[27]。

时至今日,《纪要》的阴谋论还在广泛影响着极端主义运动,通常在坚持反犹主义初心的前提之下,有时候也以某些含混的语言,如"全球化主义者"和"银行家"来指代外群体[28]。《纪要》阴谋论在阿拉伯世界同样流传广泛[29],包括与真主党和哈马斯有关的媒体和意识形态圈[30]。

对　策

存在危机需要紧急应对,即一个能回应危机所带来的任何挑战的对策。极端主义的**危机-对策**构想假定危机由一个或多个外群体制造出来影响内群体,只有通过对外群体采取敌对行动才能解决危机。该结构位于极端主义意识形态和宣传策略的核心,这制造了研究非国家暴力行为者宣传的领军学者哈罗罗·J. 英格拉姆所说的一个"意义系统"——极端主义内群体"对世界的另类视角",这种视角既不同于外群体的观点,也不同于(多数情况下)适任者内群体的观点[31]。

这种另类观点由极端主义信仰的要素——身份、危机和对策——所建构,用来为采取非常规措施正名。为了保护适任者内群体不被外群体引发的危机影响,极端主义内群体提出的对策反映出它所描述的威胁的规模之大,而不必合乎实际情况。

极端主义运动最常提出的对策是:

- **骚扰**:故意让外群体在内群体面前不受欢迎。
- **歧视**:拒绝为外群体成员提供内群体成员所享有的福利。
- **隔离**:内群体和外群体的物理隔离。
- **仇恨犯罪**:反对外群体成员的非系统性暴力。
- **恐怖主义**:针对非战斗人员的公共暴力,以宣扬极端主义意识形态。
- **压迫**:侵略性和结构性的歧视,直至并包括系统性暴力。
- **战争和叛乱**:在内群体和外群体之间公开的致命战斗。
- **种族灭绝**:大规模系统性屠杀外群体成员。

骚　扰

骚扰可以包括辱骂、故意冒犯或以不构成暴力的方式侵入外群体的个人或公共区域（如涂鸦）。骚扰是最初和最常见的极端主义行动要素之一，常常预示着进一步的激进化。至少，骚扰增强了内群体的凝聚力，巩固了外群体成员的低下地位。在最糟糕的情况下，骚扰被系统性地用来制造心理创伤，或恐吓外群体，并阻止他们参与公民事务或使用公共设施。当骚扰强度不断升级，或变成内群体凝聚力一个必不可少的要素（例如，当使用种族绰号成为内群体的身份标志时），暴力可能就不远了。

歧　视

歧视可以是对外群体的非意识形态敌意或系统性偏见的产物，而非一种蓄意的策略。在自然发展的状态下，不喜欢、不信任或遗留的社会和经济结构可能导致把外群体排挤出特权或内群体社会圈子的歧视行为（例如，在就业、教育和住房机会方面）。

歧视也可以是一种蓄意的策略。许多伊斯兰运动明确否认非穆斯林的某些权利，作为其治理结构的一部分[32]。在其他情况下，歧视可能刻意但隐蔽。例如，据报道，美国总统理查德·尼克松力推过特定的反毒品政策以针对非裔美国人，但做得并不那么露骨[33]。

刻意的歧视行为一旦被认可，该运动就已然符合本书对极端主义运动的定义。一些系统性歧视的模式可以说陷入了一个灰色地带，尽管有时它们反映了社会中存在的极端主义潮流。

系统性歧视也可以是之前未被清理干净的极端主义政策的遗产。例如，除了更当下的因素，数代的奴役、法律上的歧视和对公民权的剥夺，这一切也对非裔美国人社群的财富创造形成了沉重的结构性障碍[34]。

隔　离

隔离包括从在内群体和外群体之间建立物理障碍，到将内群体和外群体迁徙到不同区域。案例包括美国曾经的"吉姆·克劳法"和目前的白人分离主义运动，如鼓励白人移民到西北太平洋沿岸并建立人种飞地的"西北领土令"[35]。隔离在理论上可以是自愿的,但是很难一直坚持非暴力原则,因为强制执行是迟早的事。

"种族清洗"这个术语指的是通过驱逐外群体来强行隔离出一个区域,这是一种典型的极端暴力。少数群体经常被屠杀或被暴力恐吓所刺激,从而离开被内群体控制的地域。这也是为什么种族清洗活动往往会被明确无误地归类为种族灭绝。

仇恨犯罪

一场仇恨犯罪——基于种族、宗教、性别、性别认同或其他身份,针对目标人群施行暴力或犯罪骚扰——也是意识形态极端主义的一种表现形式。然而,有关仇恨犯罪的执法记录和其他公共数据往往无法支撑起更准确充分的研究。某些所谓的仇恨犯罪无疑受了极端主义信仰的教唆,如2015年迪伦·鲁夫在南卡罗来纳州查尔斯顿的一座教堂谋杀了九个人,因为凶手的目标是传达政治信息,所以这起案子理应被归类为恐怖主义。但并非所有极端主义者都会像鲁夫这样留下政治宣言。在没有受明确定义的极端主义意识形态影响的情况下，人们也常常产生偏执，而这种偏执会导向暴力。现在迫切需要更多的定性和定量研究，以帮助确定人们为什么会实施仇恨犯罪，以及这些人中有多少人曾接触过极端主义意识形态。然而，尽管一些仇恨犯罪可能不是极端主义，但一些无疑是，而仇恨犯罪则是一种极端主义意识形态愿意认可的暴力对策[36]。

恐怖主义

由于极端主义运动往往规模很小，因此有些运动采取了恐怖主义的不对称策略，这使得相对弱势的运动在面对庞大而强有力的外群体时，也能拥有超出比例的影响力。在20世纪和21世纪，技术的快速发展大大降低了大规模屠杀的门槛，小型群体和个体也能制造社会骚乱，随之而来的是不断升级的威胁和越发频繁的恐怖主义活动[37]。

恐怖主义在这里被定义为"由非政府个人或群体实施的针对非战斗人员的公共暴力，以推进政治或意识形态目标或者放大政治或意识形态信息"[38]。当由政府实施时，我会将类似的公共暴力称为"压迫"（参见下一节），而非恐怖主义。

恐怖主义往往服务于极端主义群体的多重目标，包括动员支持者和同情者，同时在适任者内群体和外群体之间制造摩擦，使双方都变得更为激进。

"伊斯兰国"及其前身伊拉克基地组织，都曾使用恐怖主义极其成功地激化了所有派别的矛盾。在2006年，伊拉克基地组织轰炸了萨马拉的一座什叶派清真寺，触发了一系列什叶派和逊尼派穆斯林之间的宗派报复，导致数千人丧生。这次袭击为更广泛的冲突埋下了伏笔，煽动了更多逊尼派适任者内群体去追随极端主义内群体，又助推了伊拉克什叶派人群和政治家中现存的极端主义浪潮的升级[39]。迭代后的恐怖主义组织一再击打现存的社会裂痕，努力复制这种成功[40]。

极端主义的恐怖主义往往以外群体为目标，但他们同样也可能与失格内群体的成员为敌，甚至瞄准适任者内群体成员。一个著名的案例是2011年安德斯·布雷维克在挪威的袭击,他在挪威杀了77人,其中绝大多数是参加一个青年夏令营的挪威人(他自己所属的内群体),为了发出他构想的有关穆斯林外群体所构成的威胁的讯息。[41] 恐怖主义的首要目的是散布意识形态讯息,受害者的身份对凶手来说倒可能是其次或第三位的。尽管一些意识形态禁止暴力对待内群体成员,但目标策略往往非常灵活,尤其是针对被视为叛教者、通敌者或叛徒的失格内群体成员时。

压 迫

压迫通常包括歧视和隔离的升级版形式,例如种族奴役、集中营和其他急剧削减外群体成员权利的手段。压迫几乎总是包含一个明确的法律框架,授权对外群体实施敌对行动。例如西班牙的宗教裁判所、第二次世界大战中为关押日裔美国人而设的集中营、"伊斯兰国"对少数民族雅兹迪人的奴役,更为常见的则是为某些身份群体而设的监狱,用以监禁某一种族、宗教、性取向或性别认同的人们。

战争和叛乱

人类的历史长河中遍布着战争的暗礁,有一些战争比另一些战争更接近极端主义。如前文所述,冲突和战争并不天然就是极端主义。但许多战争和叛乱(包括两次世界大战)与极端主义行动和运动有着这样那样(见第一章)的紧密联系。今天,在后"9·11"时代的一大批战争是以击败极端主义为由引发的,包括以美国为首的对阿富汗和伊拉克的入侵。这些努力却反而制造了极端主义繁盛的温床,包括在这两个国家的"圣战主义"叛乱,以及马里、尼日利亚、菲律宾、索马里和也门的基地组织与"伊斯兰国"参与的相关冲突。战争和叛乱甚至会在极端主义者都无法赢个痛快的情况下,助推极端主义运动。

种族灭绝

20世纪40年代的纳粹文件委婉提及"犹太人问题的最终解决方案",用一种官僚主义的语言描述了种族灭绝的丑恶概念[42]。如果这种最终解决方案得以充分实现,那么它将成为整个激进化进程的终结。如果一个外群体被认定为内群体永久的生存威胁，并且解除威胁的方案与暴力密不可分，那么一个极端主义意识形态就会逐步升级，直到只剩下一个彻底的、永久性的毁灭外群体的解决方案。

对绝大多数极端主义群体而言，种族灭绝在很大程度上仍停留在理论上。例如，小说《特纳日记》的白人民族主义读者将种族灭绝视为一个长远目标，但他们可以用自己的行动日益接近该目标。其信徒并不寻求立即实施种族灭绝，而是倾向于引爆一场种族战争，在理论上为未来某一天的种族灭绝创造条件[43]。

但也有一些极端主义运动确实试图立即实施彻底的种族灭绝，有些还成功了。正如第一章谈到的，罗马天主教会在13世纪阿比尔十字军东征期间成功根除了清洁派。一系列跨国种族屠杀彻底或近乎彻底抹除了美洲、澳大利亚、高加索、塔斯马尼亚等地区的土著居民[44]。另一些种族屠杀在他们成功灭绝外群体前停了下来，但仍造成了数千到数百万人的伤亡。除了被屠杀的6000万犹太人，纳粹还因为种族、残疾或性别认同杀害了几百万其他平民[45]。

种族灭绝是激进化为极端主义之路的终点，本书把这定义为内群体朝极端主义方向升级的过程，表现为对外群体的看法越来越负面，或者认可对外群体不断增长的敌意和暴力行动。但并非每场极端主义运动都会经历整个流程，抵达终点。理解群体和个人为什么会或为什么不会变得激进的过程，可以有助于弄清极端主义为何是人类历史上的顽疾，以及我们要怎么做才能降低它对社会的严重影响。

个案研究:《坐在门口的幽灵》

在《坐在门口的幽灵》(*The Spook Who Sat by the Door*)[46]一书中能找到极端主义者如何将危机和对策对应起来的案例。这是一本由非裔美国作家山姆·格林利在1969所作的黑人民族主义小说[47]。格林利是一名退伍军人、前政府宣传员。其小说讲述了美国中央情报局第一位黑人特工丹·弗里曼的故事，他以自己接受的专业训练领导了一场街头的黑人革命。

为了平息情报部门缺乏种族融合而引发的政治争议，弗里曼作为象征性的少数族裔特工被招募。他只有很小的职权，却被置于显赫的位置上。书名是一个文字游戏，指的是他的工作（坐在门边，被人看见），"幽灵"（spook）这个单词其实是双关语——在某个语境里是"间谍"（spy）的俚语，在另一个语境之下则被用作侮辱性的种族绰号。

该书呈现出一种反乌托邦式危机，美国白人往往联合起来对抗美国黑人，甚至连看似盟友的人也在私下里流露出种族主义倾向。《坐在门口的幽灵》绘声绘色却毫不夸张地描述了这场危机。这反映该书出版时民权斗争的真实状况。然而，它顽固地坚持认为，大部分美国白人都不可能对黑人怀有真诚的善意，这一点也使它深陷极端主义世界观中。

弗里曼接受美国中央情报局工作，正是为了接受暴力秘密行动战术的训练，利用职务之便研究全球的叛乱，目的是用这些知识反哺养育过他的芝加哥贫民窟。弗里曼通过招募和训练帮派成员，在几个主要城市组织秘密小组，培育并指导了一场黑人叛乱。造成经济压力的攻击是该策略的关键，这种情况下，其目的是让白人政客在维持种族主义政策和维持美国作为全球超级大国之间做出选择。

叛乱分子通过抢劫银行去筹备行动的资金，并通过抢劫军火库获得为革命而准备的军需。该书以芝加哥的骚乱为背景,追踪了叛乱是如何成功发动的。使用暴力在《幽灵》看来非常必要、正当且不可避免,但它也以挑衅为前提。该书结束时,主角的革命尚未成功,但他制定的目标是摧毁当前由白人主导的经济和政治体系。

该书详述了革命者的战术细节,将激进的黑人民族主义作为解决种族主义危机的方案来推进,并提出大量具体建议。当弗里曼向他招募的帮派成员传授战术时,他也在教给读者。在2003年的一篇报道中,格林利说该书本来就是"一本游击战的训练手册。这就是它震慑了那么多白人的原因"[48]。

在该书1973年于一些争议中被改编成电影后约一年,白人民族主义者威廉·卢瑟·皮尔斯开始写作《特纳日记》,这是一本包含了相似教学材料的臭名昭著的种族主义反乌托邦小说,它还启发了1995年俄克拉荷马城爆炸案。《特纳日记》根据包括《锡安长老会纪要》在内的阴谋论材料勾勒了一个反乌托邦危机,并提出包括恐怖主义在内的解决方案,以全球种族屠杀清除所有非白人种族为高潮。

痴迷于种族问题的皮尔斯可能注意到了该电影所引发的争议,它突然从美国电影院线撤下(格林利认为这是美国联邦调查局的卑鄙手段)[49]。但据说他还受到一部类似的反政府小说的启发,即出版于1959年的《约翰·富兰克林书信》[50]。诸如此类的虚构作品为我们格外活灵活现地展示出极端主义叙事如何被塑造成一种危机-对策构想,敦促潜在的追随者动员起来采取暴力行动。

极端主义方程式

本书将极端主义定义为一种信念:内群体的成功或生存与对某个外群体采取敌对行动的需求密不可分。当完成的身份建构遇到危机-对策构想时,所有这些要素都已各就各位,并为内群体提升自身正当性的要求创造可能性——在这个激进化的过程,内群体对外群体的观感变得越来越负面,针对外群体的更严重的敌对行为被纳入义务范围中。

每个组成部分都是证明内群体和外群体双方凝聚力和史实性的更广泛证据之一,其中内群体被描绘成正面的,而外群体则被描绘成负面的。这些叙事为将外群体视作世界上的一种负面力量奠定了基础。

危机叙事更大的复杂性在于将外群体定位为对内群体正当性的内在威胁,从轻微的威胁(如稀释内群体的纯正性)到重大的威胁(如身临世界末日的情景)。采取必要的对策——以敌对行动来反对外群体——就完成了极端主义的方程式。

5

第五章 激进化

为什么个人和群体会去拥抱极端主义？几十年的研究未能明确回答这个问题，或者更准确地说，几十年的研究只是小心地排除了不少被提出来的解释。

尽管许多关于激进化驱动因素的假设都已被证伪，但政策制定者和政治家仍坚持这些假设，在极端主义猖獗地区的前线与之斗争的人们同样如此。

一种最常被反复提及的主张是，极端主义源自结构性发展要素：如贫穷、高失业率或缺乏教育机会。这些主张对一些政策制定者来说天然具有吸引力，部分因为他们有尝试解决结构性问题的经验，部分因为这些解释能缓解他们对人类处境的焦虑[1]。

但是结构性要素不断被推翻。一项对1986年到2002年的恐怖袭击的研究发现，国内生产总值低和恐怖主义出现的概率没有相关性，这项发现用不同衡量标准、在不同时间范围内一再被证实[2]。

两项2016年对"伊斯兰国"外籍战士资料的研究大大削弱了结构性要素对该组织崛起原因的解释力。一项发现是，经济高度繁荣、发展均衡的国家的居民比没有这些条件的地区的居民更有可能前往叙利亚成为外籍战士，而且外籍战士的总体活动和失业"相关性不高"[3]。另一项研究也有类似发现，注意到结构性要素的相关性确实会在某些地区出现，在另一些地区却找不到。纵观所有地区，这些数据并不支持将结构性发展要素归纳为极端主义的驱动因素[4]。

至于教育这一点，存在一种令人意想不到的相关性。一项对4000多名"圣战"激进分子的研究发现，他们的平均教育水平显著高于常人。[5]在一项对巴勒斯坦恐怖主义的研究中，研究者发现，较高的教育程度和经济成就与哈马斯和巴勒斯坦伊斯兰"圣战"组织的成员资格呈正相关[6]。即使有这些发现，也不会有人提议将缩减教育机会作为打击暴力极端主义的方法。

在极其严格限定的社会环境和地理范围之内，可以发现低教育或低生活水平与极端主义没有相关性。一项大规模的研究发现，高失业率与来自穆斯林世界的外籍战士涌入的高潮相随，而来自非穆斯林国家的外籍战士潮流则与失业率呈反比。需要特别注意的是，"穆斯林世界"的数据组包括失败国家以及受内战和叛乱困扰的国家。在多个变量可能共同作用的情况下，争论某一问题的因果关系很难说是严谨的[7]。

一般而言，当样本规模小时，任何给定的结构性原因的论证看起来都比较正确。例如，在一些小规模研究中，许多城市、国家的失业率与极端主义现象呈现出相关性，尤其是在像比利时的莫伦贝克[8]或明尼阿波利斯的索马里社区这些问题社区的层面。但存在失业问题的社区也不一定更容易产生暴力极端主义者。那里出现的或许只是有失业问题的暴力极端分子而已。

这世界上，有数十亿人面临着个人和社区的诸多问题——不公正、压迫、歧视、贫困、失业、犯罪等。但是只有一小部分被困扰的人走向了极端主义。

另一个流行而有害的假设是，极端主义主要由普遍意义上的宗教或某一特定宗教引起。本书在第一章、第二章中收录的那些事例，说明极端主义既不只是宗教信仰的产物，也不只是某一宗教的特产。宗教事务之于宗教极端主义者就像种族问题之于种族主义者——都是他们特定的内群体身份。

任何宗教的信条都有可能被曲解，被服务于激进化，被用于填充意识形态的内容，即使其核心内容主张反对暴力。尽管耶稣对门徒人尽皆知的教导是，当有人打你右脸时，你把左脸也转向他，但基督教极端分子自始至终都活跃在历史舞台上。佛教——在大众的想象中，它以非暴力而著称——也被卷入了极端主义中。例如，斯里兰卡和缅甸当前也一直纷争不止[9]。

宗教不是导致极端主义的直接原因，这一事实并不意味着要规避研究宗教对极端主义的影响。对宗教极端分子而言，经典和信仰都是用来定义内群体和外群体身份的信源。理解极端主义宗教信仰的细节，能帮助我们了解极端主义内群体怎样寻求从适任者内群体招募新成员，也能帮助我们预测宗教极端主义运动可能会采取的特定行动。但是我们不能在尚未排除或误解了历史上一些最具戏剧性和破坏性案例的状况下,就将极端主义归咎于宗教信仰。

对简单解释的渴求使许多这类错误的预设一直存在着。但为了理解为什么人们会变成极端主义者,以及如何打击极端主义暴力,我们必须超越那些陈词滥调,去寻找更好的解答。

个体与群体

极端主义的讨论有时模糊了个人激进化和群体激进化的区别。它们尽管紧密相关,却泾渭分明。除了完全独创的意识形态理论家——在暴力极端主义者中占比0.0001%,而人群中0.01%的人成了暴力极端主义者——群体激进化先于个体激进化。

只有在极其罕见的情况下,如大学航空炸弹客,个体极端主义者的行动才会和现存的运动截然分开。但即使在该案例中,虽然泰德·卡辛斯基这一票搞得相当有特色,他也吸收了过往的成果和观念。卡辛斯基同样影响了其他极端分子,包括挪威屠夫安德斯·布雷维克,他将大学航空炸弹客发布的宣言挪为己用[10]。

群体激进化先于个体激进化。

―――――――――――――――――

尽管激进化几乎总是涉及对特定意识形态的吸纳，但理解这个吸纳的过程比只研究意识形态的具体内容更有教益。如果当本应聚焦于过程的激进化研究变得过分关注内容，那么经过弯弯绕绕的复杂分析后得出的结论依旧一团乱麻。以内容为导向的研究方法会生产出一锅大杂烩，里面充斥着相互矛盾的理论，这些理论只有在单一时间点的单一运动背景下才有意义，例如极端主义由殖民主义或宗教原教旨主义引起之类的论点[11]。当这些理论被运用于其他运动时——哪怕是非常类似的运动——往往会失去效力。

所以，以下探讨的模型虽然看起来非常抽象，但同时也提出了具体的标准，足以分析具体的案例，并用以制定打击极端主义的策略。

这里介绍的群体激进化框架来自对白人民族主义运动"基督徒身份"、基地组织和"伊斯兰国"的宣传和意识形态文本的研究[12]。个体激进化框架源自对白人民族主义者和"圣战"分子的在线招募以及行为模式的研究[13]。

需要注意的是，这里对极端主义意识形态的发展和应用进行了抽象化处理，但它们并不完全是抽象的。个体理论家和极端主义分子们的领袖会因为各种原因来运用这些框架,他们具备一些难以言喻的特质,比如个人魅力,这本身就是对其观念的一种助推[14]。对一些人而言,这可能是一种追逐权力的犬儒行为。例如在"伊斯兰国"内部,一些领袖是真正的虔信者,另一些人只是借机上位而已[15]。极端主义通常只被少数人视为事业,即使领导者们相信这会给他们带来权力。

奥萨马·本·拉登舍弃其财富和地位,东躲西藏,打一场毫无希望的"圣战"。很难想象他的行为是出于追求权力的世俗动机。至于其他人,如阿道夫·希特勒,就不清楚他对权力的渴望究竟终结于何处,对纳粹信念的真实信仰又起始于何处了,但事实大概就介于这两极之间[16]。与此相对,11世纪一连串罗马天主教皇出于一些纯粹的世俗和政治考量,妖魔化并随后抹除了清洁派,尽管信仰的某些要素也起了点作用[17]。

成为理论家或虔信者的过程,以及领导或加入极端主义者群体的过程,最终都要落在个体的心路历程上,几乎有多少参与者,就有多少种心路历程。但这些心路历程几乎总是会落入我们所能理解和应用的观念和文本的统一的社会框架中。就像汉娜·阿伦特援引柏拉图的话所言，政治实体"不会从橡树和岩石中蹦出来"，也不会"从我们的个性和个体自身中蹦出来"[18]。

群体激进化

上文将群体激进化的诸要素定义为一系列假设，我们可以为之大致排序。并非每场极端主义运动的发展都会严格遵循同样的顺序。但是基于本书的定义，一场运动要发展为极端主义，必定会遵循以下步骤：

1. **定义内群体**：在一场运动变成极端主义之前，必须定义某种内群体。这些定义可能具体或含糊，但一定要有内群体的某种集体认同，这样才能使运动产生凝聚力。

2. **定义外群体**：内群体成员可以是热心的、虔敬的、爱国的，甚至是狂热的，但这还称不上极端主义者。要发展成极端主义，必须清晰而详尽地定义一个外群体。对某些极端主义运动来说，可以用失格内群体代替正式的外群体。

3. 将外群体的存在定性为内群体的严峻危机：对外群体的描述——哪怕以不友好的方式——都不足以让一场运动跃进到极端主义的程度。外群体身份必须被视为对内群体健康本质上的障碍或威胁，正在急速酿成一场危机。这种危机不能是暂时的、有条件的，或能够妥善解决的。它必须被认为与外群体的存在密不可分。

4. 界定必须对外群体采取的敌对行为（对策）：就定义而言，一场危机要求一个果决的回应。在确定危机之后，内群体对外群体必须诉诸敌对行动，该运动才会被置于极端主义的光谱上。

这四个条件将一场运动置于极端主义的光谱上。一旦置于光谱上，一场运动可能激进化（通过采纳对外群体不断增长的负面观感和支持不断增加的敌对行动），也可能缓和（通过改善对外群体的看法或调低敌对行为的程度，如放弃对实施种族灭绝的意识形态承诺而代之以隔离）。作为名词时，"温和化"一词暗示着非极端主义的方向，但作为动词时，则意味着运动向一个不那么极端的方向发展。极端主义群体不是非要成为"温和派"才能

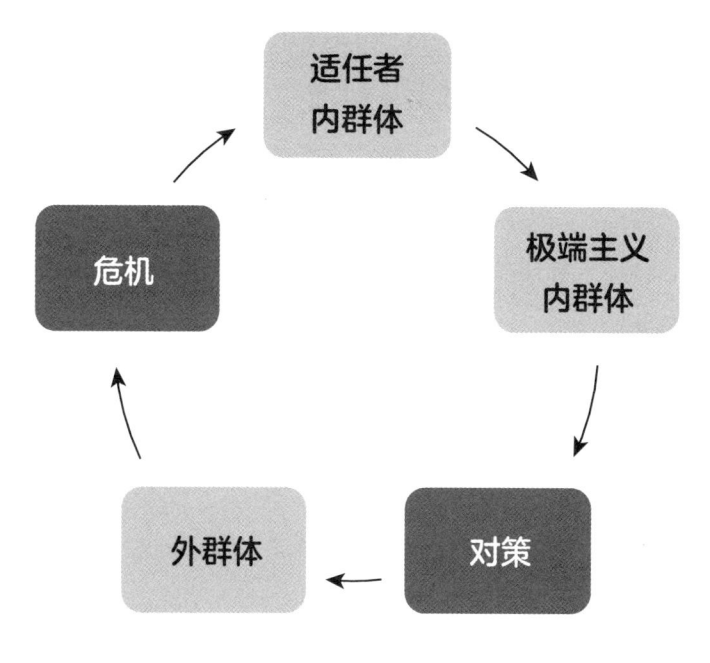

图1 极端主义的价值主张

"缓和"。

在这四个条件各就各位后,一场极端主义运动必须把自己与包括历史信息、经文和预言、新闻(真的和假的)、分析和阴谋论等信源勾连起来,去充实每类描述。随着这些细节的填充,一场运动的身份构建就会变得更为稳固。

随着更多关于外群体的负面信息被收集起来,危机的程度会变得更为极端,并且解决方案也会变得更为暴力。

在这个激进化的过程中,身份建构与危机-对策构想结构耦合之后会制造符合极端主义价值的主张:

1. 一场由外群体引发的危机正在困扰着适任者内群体;

2. 适任者内群体要解决该危机,只能加入极端主义内群体对外群体的敌对行动。

个体激进化

对极端主义招募行为的研究显示,个体激进化与任何政治动员的过程差不多,但会强调身份认同和危机-对策的建构[19]。成为激进主义者的个体通常会经历以下几个阶段,但未必遵循该次序:

1. 对(适任者)内群体的认同:在激进化之前,个体会把自己与某一主流身份联系起来,如黑人、拉丁裔、白人、佛教徒、基督徒、犹太人、穆斯林等。

2. 对外群体的负面看法：个体对一个或多个外群体产生负面看法，这些看法基于他们固有的身份而非短期冲突。该阶段可能发生在意识到危机或产生对极端主义运动的好奇心的前后。

3. 对危机的感知：个体开始相信，一场危机正在困扰着适任者内群体。对危机的初步认知可能会将危机与对外群体的负面看法联系起来，也可能不会。

4. 对极端主义内群体的好奇：个体通过阅读文本或与信徒直接接触，了解到某一极端主义运动的存在，并寻找更多与其意识形态相关的信息。个体可能会在发展出对外群体的负面看法或意识到危机之前就已对极端主义内群体发生兴趣。

5. 对极端主义内群体的思考：个体回顾他们对极端主义意识形态及其信徒的了解，评估进一步参与的利弊。在这个节点，最重要的问题是个人是否认为极端主义内群体能够为适任者内群体所面临的危机提供真正的解决方案。许多人顺利通过了前面四个阶段，但这一阶段开始筛人，接下来每前进一个阶段，人数都会锐减。

6. 对极端主义内群体的认同：个体开始自视为极端主义意识形态的盟友或信徒，认同极端主义内群体提供的危机对策。他们与其他极端主义内群体的信徒可能建立了直接联系，也可能没有。

7. 自我批评：个体自问他们对适任者内群体或极端主义内群体的支持行动是否足以应对危机。如果答案是肯定的，个体就会将自己的认同感维持在当前水平；如果答案是否定的，个体可能会决定提升自己对极端主义运动的参与度。自我批评会定期重复，并有可能进一步升级。

8. 升级：个体如果认为自己对危机的反应不够充分，他们可能会为了极端主义内群体而升级其行动，包括冒更大风险去痛击外群体以应对增加的危机（如仇恨犯罪、恐怖袭击或到境外战斗）。

9. 行动后的复盘：个体会评估他们提升参与度后，在有形和无形中是否更有益于他们自身和群体。按照这次复盘得出的结论，个体可能会走得更远，也可能通过重新思考极端主义意识形态来降级行动，或者维持在当前的水平上。

从最初的阶段一直到决意投身其中，一些人花了数年时间才走完这整个激进化的过程；一些人只花了几个月甚至几周的时间；还有些个体干脆跳过了某几个阶段。所谓的"独狼"恐怖分子可能完全跳过了许多步骤。然而，如果有人发动了"独狼"式的袭击而从未明显经历激进化的过程，我们应当怀疑他们究竟该被理解为极端主义信徒还是病态的大屠夫更恰当。后一类型的人可能会随意援引他们并未真正参与的极端主义运动。

怨　恨

一个要素既贯穿于极端主义意识形态的叙事中，又贯穿于已经激进化的个人所表达的信念中，也就是怨恨的观念。怨恨这一要素普遍存在于极端主义主张和论据中，以至于某些激进化模型将怨恨作为极端主义的一个必要因素[20]。还有人认为，极端主义分子所援引的那些特定的正当的不满——如殖民主义或压迫——是极端主义和恐怖主义的直接原因[21]。

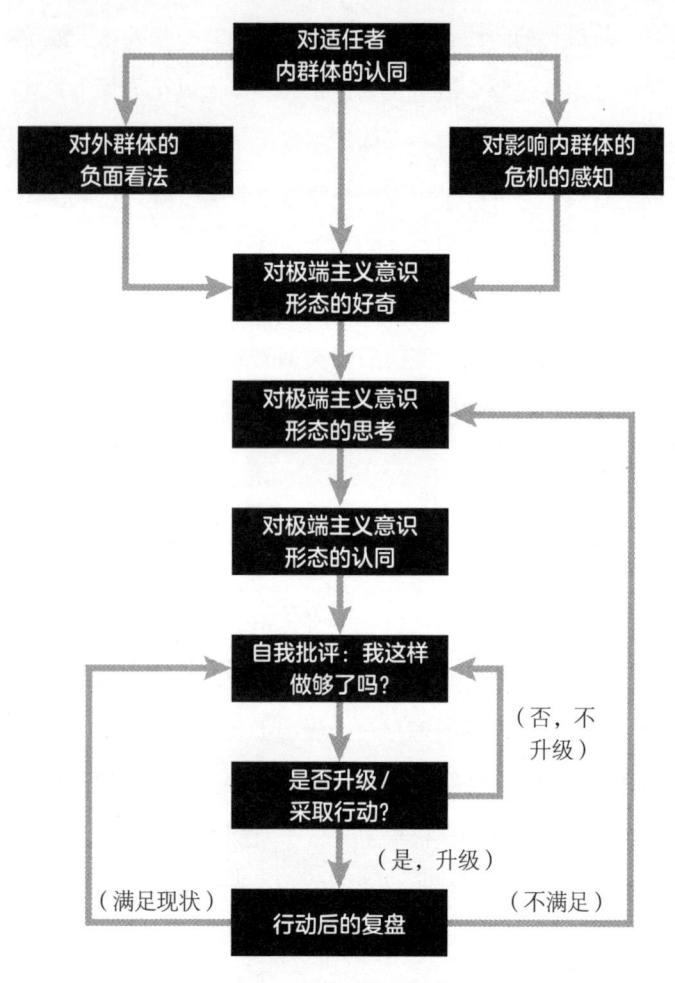

图2 个体激进化过程

但就像本章开头所提到的,怨恨(不论正当与否)并不总是导致极端主义。所有的极端主义者都有怨气,但不是所有有怨气的人都会变成极端主义者。当怨恨情绪出现在极端主义意识形态中时,它们往往是泛化的,并总是被镶嵌在危机的背景中(见第四章)。

在本激进化模型中的自我批评和决意行动阶段,某些特定的怨念确实在教唆人们诉诸暴力中起到了一定作用。一项对115起大规模谋杀案的研究发现,暴力唯一的显著征兆是"存在怨恨,特别是对某个人或实体的怨恨,而不是对某类人或某一观念、运动或宗教的怨恨"[22]。怨恨在这里被定义为"引起罪犯悲痛或愤恨的原因,一种被不公平和不恰当对待的感觉"。这项研究并不局限于意识形态或极端主义的谋杀,尽管针对个人或实体的具体怨恨在这些事件里常常会发挥作用。

身份认同和危机-对策的建构展示出一个宏大的框架,该框架将个人不满纳入其中,将之背景化为基于身份的全面冲突的一部分。在许多极端主义暴力案例中都能发现这一趋势。例如,俄克拉荷马城的炸弹袭击者蒂莫西·麦克维在20世纪80年代后期曾接触过《特纳日记》(见第四章），后来大大发扬了反政府的观点。但是他受到一个特定事件的刺激而决意采取暴力——美国中央情报局在得克萨斯州的韦科草率地突袭了一个邪教组织，导致76人死亡[23]。

许多新晋的"圣战主义者"看到叙利亚政权对本国人民的残忍攻击后，也受到了类似的刺激。他们通过社交媒体找到了一系列被广泛传播的残暴视频，沉迷于分析这些袭击的具体细节[24]。

定义怨恨的关键在于"这不仅仅是一时的不满情绪，或短暂的，甚至爆发式的愤怒或沮丧感的表达；而是对于犯罪者本身的苦难（或犯罪者在意的其他人的苦难）的来源得出的结论"这一观念：它有"具体的功能——使这种苦难可以被归咎于一个有形的、可辨别的目标"[25]。

极端主义意识形态提升了内群体作为一个集体的正当性，通过确认内群体身份如此强韧和重要，以至于因为每一个受难的个体都被视为全体苦难的一部分，而扩大了信徒们关心的人群范围。另外，他们坚持认为外群体是内群体受难的具体原因，通过冗长的描述过程使这一论点变得明确可感。最后，极端主义意识形态和宣传将暴力或其他特征不一的敌对行动的目标指向外群体，指出敌对行动将（最终）缓解内群体的苦难。

从本质上说，极端主义意识形态将怨恨与一种意义体系结合在一起，使之变得既普遍又切身，与此同时，坚持只有对外群体采取敌对行动才能解决冲突。这样一来，这种有毒的世界观就会被用于帮助动员以敌对行动来攻击那些与外群体相关的特定个人或实体。就此意义而言，怨恨和激进化可能应该被理解为相互依赖、互相激发的关系，而不是线性的因果关系。对这种动态的进一步研究几乎肯定会产生富有成效的见解。

激进化何以发生

以上每个模型都展示了人和群体如何先升级至极端主义，再进阶到暴力极端主义的过程，但并不解释为什么会这样。就像本章开篇提到的，为什么人们会转向极端主义这个问题已经被研究了很久，但许多现存的解释还是漏洞百出。在某些情况下，证据直接与所提出的解释激进化发生原因的理论相抵触。在另一些情况下，只有研究局限于某些意识形态、时间段、地理位置或以上全部，解释才是有效的。

我们绝大多数人，多多少少都曾在解释一个人怎样决意皈依和信仰如何滋长的问题上望而却步。有时我们甚至难以解释自己怎么就有了信仰，所以我们也不应当期待自己能为其他个人与群体的行为和信仰去下一个绝对的结论。

尽管我们不能持续预测行为，但我们可以辨认出发展趋势，这些发展趋势能映射出那些会影响到结果的各种社会和心理要素。有时候，比起解释这种趋势，我们可以更清楚地辨认出它。

这个议题过于复杂，我们无法在此处理得面面俱到，但还是有两种潜在的激进化驱动要素已被研究证实，且可以跨越不同意识形态的壁垒：分类和学习偏置的影响，以及现状被破坏带来的影响。

分类和学习偏置

如第三章所论，当个体接纳了一个集体身份时，分类就开始了。许多实验和研究结果证明,仅仅将自己视作内群体的一部分,就与歧视或敌视外群体的倾向相关。

这并不一定适用于所有情况。例如,处于竞争环境中的群体对外群体的负面态度比处于合作环境中的群体要强烈得多。但是处于中性环境下的群体也会对外群体产生负面观感,这表明对外群体产生负面态度的倾向在某种程度上是固有的——要么产生于个人的意识中,要么是我们在许多社会互动的情形下必然的副产品[26]。

身份叙事的系统性建构可以在一些主流群体中发现,在极端主义群体中则尤为明显,他们利用这种倾向来强化对外群体的偏见。极端主义意识形态用对内外群体的事无巨细的描述来为每个群体创造原型,然后将其推而广之直至演化为刻板印象。原型的特性——"态度、信仰、价值观和行为"[27]——与本书中描述的身份定义密切相关,这些定义源自极端主义的意识形态文本。正如社会心理学家迈克尔·A.霍格所言:

> 当我们把某人归类为一个群体的成员时,我们也把这个群体的原型属性赋予了这个人,并以原型的标

准来审视他们；不再把他们视为独特的个体，而视为或多或少合乎原型的群体成员——这一过程被称为去人格化。[28]

学习偏置推动了负面数据的积累。当人们对他们所遇到的事物（如对外群体）抱有负面观感时，他们可能会倾向于避免进一步的接触，这会阻碍他们获取可能纠正负面看法的新信息[29]。对于极端主义运动而言，当意识形态激进到敦促内群体成员避免与外群体接触的程度时，信息壁垒俨然已成为制度的一部分。

对现状的破坏

使人们倾向于极端主义的第二个主要因素是不确定性。人们倾向于安于现状。心理学家约翰·T.约斯特和罗德里克·M.克莱默认为：

> 人们倾向于用有关群体和个人的观点来正当化现状，因此现存的社会安排被认为是公平正当的，甚至

是自然且不可避免的。[30]

人们有一种普遍的认知偏见，即认为现状是公正公平的[31]。这种对现状的偏好可能有许多原因，包括合理化当前生活体验的渴望、接受现状的系统性奖励（如社会和经济成功），以及缓解不确定性和焦虑。研究表明，偏好现状的倾向强大到足以克服对外群体的偏见，即使现状对自己所在的群体不利，而让竞争群体处于优势地位[32]。因而，一个稳定的现状是激进化难以攻克的堡垒。

当现状被颠覆时，人们的安全、生计以及在世界和社会上的位置一下充满了变数。能打破现状的方式数不胜数——包括经济、技术、政治、军事和社会变革。例如，战争会导致巨大的不确定性，尤其是内战，会把之前的友人和邻居瞬间变成对垒的敌人。战争也会把人们从由自身所主导的内群体迁徙到将他们视为外群体的另一种身份集体所控制的区域。

通信技术的革命可能为群体间的社会接触创造新的机会，或成为点燃群体间冲突的新导火索。一波移民潮足以改变一个国家内群体的人口统计数据甚至定义，影响到业已存在的,如种族或宗教等要素交织在一起的群体身份的定义。

从个人层面而言,深刻的个人创伤,如失业或所爱之人的死亡也会导致不确定性,这一点在许多"独狼"极端分子和其他类型的大屠杀刽子手的个人经历中都可以看到[33]。另一条线索可以在宗教恐怖主义尤其是"圣战主义"中被发现,这些群体中改宗者往往不成比例地出现。在某些情况下,为了弄明白他们自己和他们在世界中位置的基本问题,接受了宗教极端主义思想的人会被吸引去探索其他宗教身份[34]。

剧烈的变化侵蚀了内外群体的界限和定义,特别是当人们感到在身体上、经济上或社会上无所适从时。由于人们倾向于认为现状是公正的,这些戏剧性的变化可能会被认为不公正,颠覆了被认为基本上公平正确的规范[35]。

不确定性让人感到不安,并产生焦虑,直到问题得以解决。大多数人会以健康的方式应对不确定性,但也有许多人不会——这已足以产生统计学上的差异。据迈克尔·A. 霍格所言,尽管人们有许多方式来减少生活中的不确定性,但一个非常有效的策略是采用一种"独特而明确定义的"群体身份。霍格是克莱蒙研究大学社会心理学项目主任,不确定性-身份认同理论的创立者,该理论试图描述不确定性和极端主义之间的联系[36]。

在较低层面上,就像当人们面对一个他们认为可以解决的问题或挑战时,不确定性可以激发正向激励和高效的行动。但是当人们面临他们认为无法解决的问题或威胁时——因为这些问题太大了,或他们缺乏必要的资源去解决——他们就会采取消极行为[37]。

除了强有力的实证支持,不确定性框架还有助于补救在本章开头强调的一些被推翻的结构性论证。例如,贫困和失业可能与恐怖主义无关,但经济环境突然的破坏性变化可能会制造不确定性,从而加剧内群体和外群体之间的紧张关系。

当面临人口结构变化或引入新技术时,人们可能会感受到不确定性。虚弱的国家、叛乱和内战导致高度不确定性,因为这会分裂内群体,制造新的外群体,且公然违抗公正的解决方案。更多历史研究可能在这些问题上予以我们启示,并有助于阐明极端主义会在怎样的环境下泛滥成灾。

但是当人们面临他们认为无法解决的问题或威胁时——因为这些问题太大了，或他们缺乏必要的资源去解决——他们就会采取消极行为。

_____

极端主义意识形态为何会起作用

在第三章、第四章中概述的极端主义要素来自对极端主义意识形态文本的深入研究。这些要素与不确定性－身份认同理论所识别到的心理需求交织在一起。

极端主义意识形态通过提供一种被称为"群体实体性"的特性来满足人们对确定性的需求。"群体实体性"被定义为"一个群体的属性,这种属性基于清晰的边界、内部同质性、社会互动、明确的内部结构、共同的目标和共同的命运"[38]。所有这些特征都有助于使各群体觉得真实可信,其中大多数都被极端主义意识形态明确加工过。极端主义理论家用下述工具培育群体实体性:

- **清晰的边界和内部同质性**:如第三章所述,极端主义意识形态提供了极其明确、严格的标准,来界定谁属于内群体、谁属于外群体,以及在什么情况下适任者内群体成员有被归于外群体的风险。反观非极端主义身份认同,内外群体的边界更加灵活,也不那么被强调。

- **共同的目标和共同的命运**：极端主义意识形态耗费大量精力去定义内外群体过去、现在和未来的实践，通常会把这些信息组织在一个互相关联的、以一场终极对抗告终的叙事中。相比非极端主义运动，极端主义群体可能会更为详尽地描绘未来的蓝图，他们也倾向于将其期望投射于压缩的时间线上，更接近即将发生之事而非遥远之事[39]。实践可以说是极端主义身份定义中最重要的元素。尽管我们可能会因为外群体成员的信仰或特质而厌恶他们，但依据他们的所作所为来构建危机和动员行动要容易得多。

- **社会交往**：极端主义意识形态所制定的社会交往的规则，包括要履行支援和保护内群体同胞成员的义务，及严格控制与外群体的往来，通常禁止与外群体保持友好关系，而鼓励与外群体保持敌对。

- **清晰的内部结构**：这一点在不同群体间差异很大。以国家为基础的极端分子能够提供界限最为分明的社会结构，而非国家形式的极端分子则会尽其所能地使用诸如头衔、服装、入会仪式或效忠誓词等仪式化元素（例如，这些都是三K党的重要特征）。

"伊斯兰国"在其鼎盛时期的成功展现了类国家结构的力量,其宣传中大力强调了它在伊拉克和叙利亚原型国家的实体特性[40]。

极端主义意识形态的结构被设计成充斥着提供高度群体实体性的内容,并且随着时间的推移,消化了日益广泛多样的信息来源后,极端主义叙事也会变得更加复杂。产生的内容越多,该运动也就会积累越多的"群体实体性"。

危机-对策的构想也旨在应对不确定性。如第四章所述,极端主义意识形态主张,内群体已经抵达一个转折点,需要采取戏剧性且果断的行动,意识形态对此也做了清晰的描绘。

最常见的极端主义危机叙事——阴谋论、反乌托邦和天启大灾难——进一步解决了不确定性。就像第四章中所指出的,阴谋论是让世界"有意义"的有力工具。它们将问题置于内群体的痛苦都是由外群体蓄意、用意明确的行动所导致的背景之下。尽管这些理论本身错综复杂,但旨归直接明了:内群体的问题源于外群体的行为。反击外群体才能解决问题。

反乌托邦和天启大灾难的危机同样清晰明了，有如预言一般[41]。它们将危机描述得如此重大严肃，以至于极端的解决方案已成定局，熔断了深思熟虑的必要。反乌托邦和天启大灾难的性质最大限度地减少了对"赢得和平"的需求。在反乌托邦中，推翻腐败的体制本身就是一种胜利。因为取代它的东西不会更糟，细节问题可以以后再解决。

对于天启大灾难和千禧年的信徒来说，对策还可以更简单。有时他们只需露个面。信徒受命经受一场大灾变，其结局和后果都是神祇预先定好了的。一些末世启示录群体的领袖可能依然会在策略上有所选择，正如"伊斯兰国"在2016年所做的那样，当时它放弃了之前推动的一场预言中的战斗[42]。但对绝大多数信徒来说，参与第一。

人类是复杂的，很难用某种单一的理论去解释他们的行为。有几条进路可供进一步研究，以帮助理清这些问题。在官员和学者（前者多于后者）成年累月的探讨和辩论后，"暴力极端主义的根本成因"这个问题依然毫无头绪。但我相信不确定性框架具有重要的前景。

不确定性涵盖了极端主义在其中兴起的一些社会和

政治情境，包括那些导致政策制定者诉诸错误解释的情形。不确定性也有助于解释奉行恐怖主义和极端主义的个人的行为，尤其是所谓的"独狼"，他们在参与暴力活动前往往经历了打破生活常态的创伤性事件（如失去工作或父母）。而且，除了我对极端主义文本研究的补充性发现，还有大量实证研究的证据支持不确定性-身份认同假说。

无疑，还有更多工作需要去做，但是，不确定性-身份认同理论和社会心理学家的相关研究，为极端主义及其起因提供了比目前任何替代方案更实用、能提供更多洞见的解释。

6

第六章 极端主义的前景

有史以来,极端主义反复发作折磨人类。但如果极端主义始终如影随形,那么遏制和击败它的力量也与我们同在。这场战争恐怕永无止境,但绝非徒劳。伴随着每一波新的浪潮,为了子孙后代的利益,我们都会再次迎接挑战。

极端主义是一个古老又常新的问题。极端主义意识形态建立在先前的意识形态之上,且与时俱进。极端主义随着人类社会的日益复杂和关系紧密而同步壮大。极端主义是一种经由社会传播的灾难。一个人与另一个人交流时,就传播了意识形态。通信技术在变化,极端主义也随之改变。

人们公认,正是印刷术的发明开启了西方社会的变极端主义是一个古老又常新的问题。

_____

革，尤其是印刷术还大大促进了新教改革思想和相关天启信仰的传播[1]。数码通信——广播、电影和电视——的崛起也具有同等的革命性。

广播和电影给能下血本去开发它们的极端主义运动提供了强大的优势，如纳粹政权[2]。但是大部分极端主义组织规模很小，资源有限。专业的影音编辑一度很昂贵，还需要高超的技术。面向更大受众的广播成本更高，而且通常受政府监管。

这些因素构成了大部分极端主义运动能够达到的天然上限。如果一个极端主义意识形态不能触及大量受众，也就很难成为一场群众运动。一些运动成功地清除了这一障碍，但是在不少情况下，媒体的限制延缓了它们的壮大。

社交媒体

在21世纪初叶社交媒体平台粉墨登场、野蛮生长的时候，未来主义者对其变革的力量赞不绝口。包括我在内的一些观察者则表示怀疑，认为这不过是传播技术的进步而非革命。但我们错了[3]。

社交媒体在短时间内引发了社会许多方面的戏剧性变革。对极端主义者来说，社交媒体改变了游戏规则。极端主义者曾在很大程度上被广播革命甩下浪头，但社交媒体提供了触及大量受众的廉价平台，注重病毒式传播，并挑起对社会规范的争辩。

极端主义者迅速抢滩社交媒体，行动虽小但某些时刻卓有成效。但"伊斯兰国"第一个意识到新技术的潜力。在社交媒体平台做出前后一贯的回应之前，"伊斯兰国"的招募人员已在线上获得了数以千计的支持者，引导他们同步行动，并使用时兴的廉价视频编辑和发布技术进行高度专业的宣传。组织者用多种新颖的方式到处分发混合着极端暴力和千禧年乌托邦愿景的内容，结果掀起了一波前所未有的"圣战"极端主义者的招募浪潮[4]。

就在"伊斯兰国"的极端暴力霸占了新闻头条之时，白人民族主义者也同步吸纳和发展了大量同样的社交媒体技术，并且逐步建立了受众群。这些努力在"伊斯兰国"崛起之前就开始了，并在21世纪10年代开花结果，不断为当前种族主义意识形态的复苏煽风点火[5]。

有证据表明，社交媒体的使用使许多用户变得更为宽容，也促进了多样性[6]。但相对于主流媒体，目前这一代社交媒体平台为极端主义运动赋予了独特的优势[7]。尽管关于这一问题的研究仍在进行中，网络环境也在不断变化，但目前的证据表明，社交媒体在引导大部分人成为中间派、变得更宽容的同时，也促进并加速了数量可观的少数人走向极化和极端主义。助长极端主义观点传播的因素有：

- **匿名**：极端主义信徒可以分享他们的观点和分发招募信息，而他们暴露真实身份的风险不高，使他们免于承受法律和社会责任。
- **发现**：极端主义者的招募是一个小概率游戏。大多数极端主义运动只能吸引到少数人，对于暴力极端主义者而言，这个池子就更小了。极端主义者使用社交媒体搜索、社交网络分析和算法生成的建议，去高效地寻找能纳入小池子里的人群，也让好奇的人们能更方便地与极端信徒和招募人联系。
- **人身安全**：在社交媒体出现之前，对于一个好奇的人来说，了解暴力极端主义运动的最佳方式是亲自与其信徒见面。因为需要与有潜在暴力倾向的人打交道，这本身就存在风险。今天，好奇的人可以在数字世界中与暴力极端分子互动，没有任何人身风险，在现实世界见面之前培养信任、获得安心感。

不确定性

社会心理学研究有力地表明，感到不确定性会使人们更容易倾向于极端主义，并会强化本书中所提到的特定的极端主义要素，例如内群体身份认同、对外群体的敌意和危机-对策叙事（如阴谋论）。

因此，极端主义运动正沉浸在这波全球范围内的胜利中，而决策者们把暴力极端主义视为我们这个时代最为关键的挑战之一，也就不足为奇了。就像极端主义一样，不确定性始终与我们同在，但当今这种不确定性可能特别突出，原因如下：

- **信息传播的速度**：每产生一次通信技术的迭代，就有越来越多的人能够实时、随时获取全球局势不稳的信息。不是说过去就没有全球局势不稳的现象，但这并不一定是日常生活中时刻会被提及的话题。今天，人们可以在家中、在随身携带的设备上不断地接触到全球局势不稳的信息，这可能使得一部分人的不确定感激增。

- **信息的数量**：同样，现在普通人可以通过互联网和全天候的媒体轻易获取更多信息，但是过载的信息流会导致不确定性（在从疫苗接种到气候变化的所有辩论中可见一斑）。当信息源激增时，它们必须为获得公众信任而竞争，这也使普通人难以评估他们接收到的信息是否可信，这又加剧了不确定性。同时，网络上大量的信息既哺育了极端分子的身份建构，也为阴谋论者提供了素材，正如霍夫施塔特指出的那样，他们痴迷于积累"证据"。

- **信息的质量**：虚假信息和错误信息并不新鲜，但在21世纪，它们已经货币化、工业化和武器化。"假新闻"、阴谋论和其他形式的不良信息现在成了某些人的摇钱树，对另一些人来说则是由国家资助的影响力工具。不良信息除了具有塑造极端主义叙事的力量，大量不良信息还让一些人怀疑他们是否能相信别人以告诉他们关于这个世界的真相。

- **技术的变革**：除了通信技术所带来的不稳定，其他的技术变革也会使许多人的经济地位动荡不安，如没落的夕阳行业被要求特定技能和知识的新行业所取代。如前所述，失业和经济问题不一定与极端主义相关，但这些领域突如其来、令人无所适从的改变则有可能与之相关。还有些技术——如核武器——意味着世界上一个地区局势的不稳定会给全世界带去恐惧和不确定性。

- **全球移民和人口结构的变化**：在上个世纪，廉价、快速的交通以及不断变更的法律和公民权利结构，瓦解了不同身份群体之间迁移和通婚的社会及现实障碍。几个热点地区的动荡也导致了历史上的大规模难民潮。所有这些因素都在重塑世界各地的宗教和种族人口结构，这可能引发身份的不确定性——现代右翼运动以难民和移民为重要主题就是证明。

- **超强的超级少数群体**：所有这些因素——社交媒体、技术变革、廉价旅行——都是同一个环境的一部分，在这个环境中，相对较小的群体可以对全球政治产生巨大影响。"伊斯兰国"扰乱世界政治，导致数十万人死亡，但他们的总人数只占世界人口的很小一部分。即使以其适任者内群体逊尼派穆斯林来衡量，活跃的"伊斯兰国"支持者也不足可征募人员的百分之一。通过恐怖主义等策略，超强的超级少数族群引发了巨大的社会和政治不确定性，然后他们提出要通过意识形态来解决这些问题。恐怖主义不仅在作恶者所在的适任者内群体，也在相应的外群体运动中助长了极端主义。例如，"圣战"分子和右翼极端分子可以用一种共生的方式为彼此的叙事提供素材[8]。

除非文明崩溃，否则所有问题都可能会继续存在。最终，社会将会发展出抗衡这些不稳定影响的力量，但这需要时间，而我们才刚刚开始适应。由于以上所有因素，至少几十年内，我们可能要继续面对不断增长的极端主义活动和相关暴力。

对抗极端主义

尽管存在这些挑战,我们依然希望可以在简单的忍耐之外做得更好。2001年9月11日,极端主义的挑战被推到了全球政治的最前沿,塑造了一个冲突的新时代,并为世界各国设置了新的议程。政客们开始了一连串无休止的承诺,要"击败"助长恐怖主义的"意识形态",这些话语今日在每一次恐怖袭击后都被郑重其事地重复。

在寻求解决方案的沉重政治压力下,决策者们又不愿扩大本已庞大的军事行动,于是采取了古老的策略:把所有办法都挨个试一遍,看看哪一种管用,不过他们很少能注意到什么真的管用。外交官们推出了拿手好戏,提供援助和发展教育项目,尽管已经有证据有力地表明这其实没效果[9]。人们还发起了大量的宣讲活动,但收效甚微,其中一些还惨败而归[10]。

尽管一些有前途的项目成功地在谈判桌上开辟了一席之地,但它们与许多劣等项目同台竞争,而决策者们几乎没有客观的评判标准来分辨优劣。许多因素导致了所谓抗击暴力极端主义或预防暴力极端主义领域的停滞和低效[11]。其中最重要的问题是，缺乏对关键术语的定义，缺乏公认有效的极端主义和激进化模型，缺乏将极端主义作为一种跨意识形态现象来理解的兴趣。

这些并不仅仅是学术争论。决策者们已经花费了数以亿计的美元打击极端主义意识形态和防止激进化，但他们无法定义极端主义、意识形态或激进化。这就是失败和浪费大量资源的奥秘所在。如果我们不能定义极端主义或激进化，我们就无法定义成功是什么样的。本书对极端主义的定义和框架的讨论不太可能会终结对该问题的争论。但是可以——用定位问题所在、理解合理化、激进化建模和理解不确定性来弥补该领域的主要缺陷，激发在具体问题上的进一步研究。

定义问题

如第二章所述，极端主义现在被决策者和学院派以各式各样的方法定义。这些定义大多存在这样或那样的问题，特别是对于设计可以进行有效评估的项目而言。

这本书所定义的"极端主义"是这样一种信念：内群

体的成功和续存，与对外群体的敌对密不可分。这一定义在寻求抗击极端主义的方法时能带来许多实在的好处。

也许最重要的是，这个定义并不受限于任何一种意识形态。尽管抗击暴力极端主义迄今为止的努力主要集中在"圣战主义"上，但该领域越来越多的人认识到，对于其他类型的极端主义，无论是弗吉尼亚州的白人民族主义者、卢旺达的胡图族种族灭绝者，还是缅甸的极端民族主义佛教徒，都需要类似的举措。

本定义也直击问题的核心。一些所谓的专家认为，反击"圣战"极端主义需要广泛研究伊斯兰教义[12]。但是如果没有明确把重点放在如何减轻某一运动对外群体的敌对活动上，那就不是在打击极端主义。

"意识形态"这个术语也面临着定义上的挑战，这个术语的含义如此含糊，以至于它被赋予了近乎神秘的特质，成为恶劣想法和行为的先兆和直接原因。通过将极端主义意识形态锚定在鼓励对外群体采取敌对行动的框架中，本书试图揭开这个概念的神秘面纱，并鼓励采取更具体的反击策略。

激进的个人不一定以一种复杂的方式与极端主义意识

形态打交道。虽然极端主义意识形态的主张往往错综复杂，但信徒们会拣选对他们而言有意义的部分。对某些人来说，这可能仅仅意味着需要以暴力来制裁外群体[13]。

一些信徒满脑子意识形态，另一些信徒则满足于知道存在某种意识形态——某种对世界状况内在一以贯之的解释。对许多极端主义者而言，使徒的魅力或对现有暴力冲动的认可比意识形态本身更重要。

然而，即便只是作为参考，意识形态最终仍是所有这些动力的支点。极端主义宣传信息（或反主流叙事）的具体内容可能并不重要，重要的是只要知道支持型论据总能触手可及。

理解正当性

自"9·11"事件以来，西方政府传递出的核心信息是，拒绝承认基地组织和"伊斯兰国"等在宗教上的正当性[14]。美国总统乔治·W. 布什有句名言，基地组织"扭曲"了伊斯兰教。美国总统巴拉克·奥巴马领导的政府坚持用缩写"ISIL"，甚至是阿拉伯语的缩写"Daesh"来指称它，因为政府官员认为，用其自行选择的名称"伊斯兰国"来称呼，会使其与伊斯兰教的关系正当化。在2016年，奥巴马总统更直接地谈到了这个问题：

> 像ISIL这样的群体迫切需要获得正当性。他们试图把自己美化成能代表伊斯兰教的宗教领袖和神圣的战士。我拒绝承认他们的正当性。我们绝不能给他们这种正当性。[15]

这些言论有一定的积极意义。首先，这两届政府不仅是（即使主要是）在对穆斯林表态，同样在说给那些对恐怖主义活动的成因感到困惑的非穆斯林美国人听。在广大群众面前，切断恐怖组织的行动与正常穆斯林活动之间的联系，这一点既重要也值得赞赏。

然而，这种态度渗透到了抗击暴力极端主义的计划中，而这是个完全不同的领域。在数十份政策和文件中，政府官员和非政府活动人士试图利用宗教人士、前极端分子和其他手段，来去除暴力极端主义的正当性[16]。

这种做法是可以理解的，但本书所讨论的框架表明，直接攻击极端主义的正当性很容易失败，因为正当性是极端主义内群体身份建构的最核心部分——也是极端主义最有利的制高点和全力保护的资产。根据本书的极端主义定义，正当性可以被理解成内群体的健康、成功和续存。对外群体采取敌对行动是为了确保内群体的健康和正统，所以直接攻击极端主义的正当性可能会强化一种需要采用极端手段来保卫它的观念。

更糟糕的是，对极端主义正当性的攻击会激发意识形态理论家的反驳，导致该运动进一步激进化。英国的以色列主义变得激进，正是因为在面对适任者内群体中的传统基督徒的中伤时，英国以色列主义的作者们对这些攻击做出了一次又一次地回应，为了捍卫自己的信仰，他们的主张变得越发精妙。这些新的主张和理由随后形成了其他理论的基础，这些理论又助推了更多的极端信仰[17]。

在"圣战"运动中也可以发现类似的动态，正是与主流穆斯林学者的竞争，深化和延展了极端主义论点，使之变得更为复杂。从基地组织升级到"伊斯兰国"，变得越发激进，部分原因是来自内部和外部对以往"圣战"战略和战术的批评[18]。

尽管直接攻击正当性可能不明智，但"助长"极端组织的正当性和权利意识明显也是一个严重的错误。例如，那些试图将穆斯林的正常行为与"伊斯兰国"的极端活动混为一谈的西方政客，发出了一个明确的信号，即他们相信"伊斯兰国"确乎以某种形式合法地代表穆斯林身份。这样的言论挑战了非极端主义内群体的正当性，并可能导致极端主义主张在更多人眼中显得更令人信服。

类似的问题还有，将系统性的种族主义或种族不平等与蓬勃发展的新纳粹意识形态混为一谈。这些是相互关联但独立的问题，把它们混为一谈可能会产生意想不到的后果。鉴于极端主义组织通常会吸纳任何支持其主张的信源，给它们任何形式的正当性的信号都是极其危险且适得其反的。

为激进化建模

除了定义的问题，还有一个过程的问题。在这一点上，再度极度缺乏共识。许多彼此矛盾的模型往往使用着不同的术语。有些模型过于特殊具体，只适用于某一种极端主义——而另一些模型则含糊不清，无法在实际中应用。一些学者甚至质疑激进化只是一种弥散的、能辨认的现象罢了[19]。

不过，人们无疑接受了极端主义的观点，并且，如果我们真的想做点什么的话，也需要找到一种方式来谈论这个过程。第五章中提到的模型试图根据对极端主义活动的观察来描述这个过程，并着眼于寻求干预的机会。

群体激进化的模型为削弱意识形态前提、反击这一叙事提供了额外的机会。在这一过程中，最立不住脚的极端主义论点都与危机有关——把外群体的内在身份与困扰内群体的危机联系起来，把极端主义内群体和解决危机的对策联系起来，并且把危机置于首位。削弱极端主义意识形态所推动的其他概念之间的联系当然是有价值的，但危机框架在动员人们走向暴力方面最为关键，而且由此也最难挑战适任者内群体的正当性。

个人激进化模型也提供了一些可能的干预机会。虽然个人激进化始于在某种条件下接受外群体的负面特征和危机框架，但该过程中最为关键的阶段，是对极端主义意识形态的思考。这一阶段对极端主义思维模式的发展至关重要,或许更重要的是,这也是一个人最有可能与极端主义信徒和招募者发生社会接触的阶段。在激进化过程中,干预早了可能会适得其反,把已经有这种苗头的人推向极端主义的怀抱;干预晚了,要剥除已经根深蒂固的思想,无疑要面对更为严峻的挑战。

理解不确定性

如前所述,政客和决策者常常不由自主地倾向于一些所谓能从根本上解决恐怖主义的项目。这些项目通常聚焦于对极端主义的不可靠解释,如贫穷、缺少教育机会和不民主的治理。

尽管这些结构性因素不是极端主义的直接原因,但我们有充分的理由相信,这种社会和政治支柱中导致不确定性的巨变可能与极端主义的日益猖獗有关。实证研究强有力地证明了这一假设。更多的研究应该通过调查历史背景下所出现的重大极端主义运动,来考察这些要素在现实世界中会怎样发挥作用。

有了更多的研究,就有可能制定务实的政策,通过监测并潜在地干预可能在特定地区造成大量不确定性的情况，来防止极端主义。例如，如果某地的经济突然崩溃（或者突飞猛进），密切关注这种变化的演变过程，并检视是否可以采取措施降低不确定性，可能是有效的方法。

同样地，自"9·11"以来曾经尝试过的某些策略也与不确定性框架的主张背道而驰，例如在目前稳定的国家煽动政权更迭，即使该国正遭受压迫或其他问题。在伊拉克，"伊斯兰国"正是这种战略的主要受益者，它利用了最初的入侵和随后的管理失当所造成的不确定性[20]。

显而易见，极端主义不是世界上唯一的问题，决策时，还需要在各种现实和理想之间权衡取舍。不能仅仅依照极端主义-不确定性框架做决策，还要考虑其他道德维度。在相对稳定的状况下遭受贫困或不公正之苦的人，与处于不确定状况下的人相比，可能会遭受同样甚至更多苦难。但是，不应将旨在救人于水火之中的善意政策与打击极端主义的政策混为一谈。两者目标不同，应该分开考虑。

结　论

极端主义贯穿于人类历史的事实令人沮丧。我们注定要重复这种代价高昂的破坏的循环，这一点让人难以接受。然而，尽管如此，人性还是在进步。斯蒂芬·平克在《人性中的善良天使：暴力为什么会减少》中提出：我们有理由认为，纵观历史，暴力在所有人类活动中所占的比例已经下降，能增进健康、幸福和繁荣的手段一直在发展[21]。尽管有人对平克的整体论点有异议，但许多人（恐怕是大多数人）还是看到了历史的螺旋式上升——有时缓慢得令人痛苦，还常常进两步退一步，但确乎在进步。

可以说，正是极端主义和包容性之间强大的张力产生了社会进步。美国奴隶制正是在经过这一较量后寿终正寝的[22]。

人性或许会沿着历史的螺旋前进，但我们不能把进步视为理所当然。在宗教裁判所、征服美洲、非洲奴隶贸易、第二次世界大战以及伊拉克和叙利亚境内的长期冲突中，极端主义不断抬头，一次次导致不可容忍的暴行。

无论是采用新技术散布其意识形态，还是重新界定内可以说，正是极端主义和包容性之间强大的张力产生了社会进步。美国奴隶制正是在经过这一较量后寿终正寝的。

———————————————

群体和外群体的身份,极端主义者一直在与时俱进。我们抗击极端主义的手段也必须不断更新。

极端主义运动的兴起后,制度变革的相对速度使应对措施不可避免地滞后。主流机构主要通过提供稳定性来减少不确定性——从而减少极端主义,而当亟须变革时,又可能会投鼠忌器,产生惰性。

不过,我们还能做得更好。助长了极端主义的新通信技术也可以用来探测它们到来的脚步和判断其严重性。无论是"伊斯兰国"的崛起还是白人民族主义的死灰复燃,在大多数分析人士承认其不断变化的威胁之前,都在网上有迹可循[23]。更好地理解线上社交网络,可以为极端主义运动的发展和激进化升级提供关键的早期预警。

最后,我们可以开始把极端主义问题作为一个本身值得研究的领域,作为一个值得跨越意识形态壁垒进行研究的领域。"9·11"之后,那些试图研究恐怖主义的人面临着一个定义不清的研究领域,其中还包括许多复杂的、跨学科的问题。在随后的几年里,得益于训练有素的专业人士的大量研究,一度摇摇欲坠的恐怖主义研究领域逐渐有了稳固的地基[24]。

极端主义领域紧随恐怖主义研究之后，作为一门独立的学科，它值得更多的关注和重视。极端主义最有可能被划到社会心理学名下，但研究极端主义也需要综合运用包括历史学、政治学、经济学、宗教学、个体心理学等多学科的研究方法。或许最重要的是，极端主义研究必须包括涵盖了比较研究多种意识形态的方法。虽然关注正在不断发展并升级的运动本身也有意义，但跨意识形态的研究可以让人们获得单一视角无法获取的洞见。在研究各色极端主义运动时，我们可以辨别出它们有哪些共同的重要原理，并透过现象看本质。

深入挖掘"圣战主义"和白人至上主义等具体的意识形态依然至关重要，但我们也必须承认极端主义信仰的普遍本质，以便最有效地抗击它，以及对意想不到的新运动的兴起做出快速应对。我们必须实事求是地理解极端主义——它是人类社会中跨越群族、经久不衰的一部分。

· 词汇表*

末日信仰(apocalyptic belief)

该信仰认为外群体将在不远的将来促成历史的全面终结。

叛教(apostasy)

该信念认为本质上错误的信仰或行为会使一个本来有资格的人失去成为内群体成员的资格。极端主义者经常将本术语与**异端**交替使用。

信仰(beliefs)

一个群体的共同信条,最重要的是其价值观,也包括如宇宙论或形而上学等次级要素。

分类(categorization)

将自己理解为内群体的一员,并判断他人属于内群体还是外群体

---

* 注意:这里的术语是在极端主义的语境下被定义的。大部分术语在通常的语境下都有别的含义。

的行为。

阴谋论信仰（conspiracy belief）

该信仰认为外群体通过秘密行动来控制内群体的结局。

危机（crisis）

需要内群体积极回应的关键事件。

危机-对策构想（crisis-solution construct）

声称内群体危机是由外群体造成的，内群体可以通过对外群体的敌对行动来解决危机。

歧视（discrimination）

针对外群体的非暴力敌对行动，通常以拒绝外群体成员享有内群体成员利益的形式出现。

反乌托邦信念（dystopian belief）

认为外群体已经成功将内群体置于不利的社会位置的信念。

适任者内群体（eligible in-group）

极端主义组织宣称其所代表的某个宽泛的身份集体，并从中招募成员。

生存威胁(existential threat)

认为外群体威胁到内群体续存的信念。

极端主义(extremism)

该信念认为内群体的成功或续存与对外群体采取敌对行动的需要总是密不可分。

极端主义意识形态(extremist ideology)

一套通常体现为叙事形式的文本,描述谁是内群体的一部分,谁是外群体的一部分,以及内群体应如何与外群体互动。

极端主义内群体(extremist in-group)

由极端主义运动或组织组成的身份集体,通常包括正式成员和活跃的支持者。

种族灭绝(genocide)

大规模系统性屠杀外群体成员。

骚扰(harassment)

故意让外群体在内群体面前不受欢迎。

仇恨犯罪(hate crime)

针对外群体成员的非系统性暴力。

异端(heresy)

该信念认为本质上错误的信仰或行为会使一个本来有资格的人失去成为内群体成员的资格。极端主义者经常将本术语与**叛教**交替使用。

身份认同(identity)

被理解为使一个人或一个群体有别于其他个人或群体的一系列特性。

身份集体(identity collective)

由共同的国家、宗教、种族或者其他一些共同特征、兴趣或关怀所定义的群体。

不洁(impurity)

对内群体信仰、实践和特征的腐蚀,有时包括外群体信仰、实践和特征的渗入。

失格内群体(ineligible in-group)

以极端主义运动的视角来看,那些有可能被驱逐出内群体的内群体成员。

内群体(in-group)

一个人所属的群体;围绕着一个共同的身份,如宗教、种族或国籍组织而成。

正当性(legitimacy)

该信念认为一个身份集体有权利存在,并可以被正当地定义、维护和捍卫。

千禧年信仰(millenarian belief)

该信仰认为某一事件即将发生,将导致当前世界的终结和一个乌托邦世界的建立。

压迫(oppression)

对外群体的侵略性和系统性歧视,有时包括系统性暴力,往往在一个明确的法律框架内运行。

外群体(out-group)

被排除在特定内群体以外的一些人。

实践(practices)

一个身份群体的成员所做的事及其被期望的行为方式。

纯洁（Radicalization）

衡量一个内群体与某种意识形态所描述的内群体原型身份的一致性的尺度。

激进化为极端主义（radicalization into extremism）

内群体极端主义倾向的升级，表现为对外群体越来越负面的看法，或支持对外群体采取不断升级的敌对或暴力行动。

隔离（segregation）

内群体和外群体的物理性隔离。

社会认同（social identification）

一种自我分类的行动，在这种行动中，个人将自己理解为某一内群体的一部分。

对策（solution）

极端主义者主张内群体应该为解决危机而对外群体采取的特定敌对行为。

恐怖主义（terrorism）

由非政府个人或群体实施的针对非战斗人员的公开暴力行为，以推进或扩大政治或意识形态信息。

特征(traits)

适用于群体成员的描述性特质,包括身体的(如肤色或发型)、心理的(智力或创造力)、社会性的(方言、俚语和口音)或精神上的(美德或虔诚)。

必胜主义(triumphalism)

认为只有通过持续强化对外群体的敌对行动才能维持内群体成功的信念。

暴力极端主义(violent extremism)

该信念认为内群体的成功或续存与对外群体采取暴力行动的需要总是密不可分的。

·注 释

第一章 必须毁灭!

1 Jacobellis v. Ohio, 378 U.S. 184, 197 (1964) (Stewart, J., concurring).

2 "Extremism", accessed March 15, 2018, from Merriam-Webster.com. https://www.merriam-webster.com/dictionary/extremism.

3 D. Elaine Pressman, "Risk Assessment Decisions for Violent Political Extremism", report 2009−02, Public Safety Canada, Government of Canada, 2007, October 2009.

4 J. C. Van Es and Daniel J. Koenig, "Social Participation, Social Status and Extremist Political Attitudes", *Sociological Quarterly* 17, no. 1 (1976): 16−26; Lasse Lindekilde, "Neo-liberal Governing of 'Radicals': Danish Radicalization Prevention Policies and Potential Iatrogenic Effects", *International Journal of Conflict and Violence* 6, no. 1 (2012): 109; Cas Mudde, "Right-Wing Extremism Analyzed", *European Journal of Political Research* 27, no. 2 (1995): 203−224.

5 Charles S. Liebman, "Extremism as a Religious Norm", *Journal for the Scientific Study of Religion* (1983): 75−86.

6 Lorraine Bowman-Grieve, "Anti-abortion Extremism Online", *First Monday* 14, no. 11 (2009); Polina Zeti and Elena Zhirukhina, "Information Opposition to Extremism as a Way to Reduce Tension in the Northern Caucasus", *Caucasus & Globalization* 6, no. 2 (2012): 22−30.

7 Albert Breton, Gianluigi Galeotti, Pierre Salmon, and Ronald Wintrobe, eds., *Political Extremism and Rationality* (New York: Cambridge University Press, 2002), 25; Charlie Edwards and Luke Gribbon, "Pathways to Violent Extremism in the Digital Era", *RUSI Journal* 158, no. 5 (2013): 40−47; Arie W. Kruglanski, Katarzyna Jasko, Marina Chernikova, Michelle Dugas, and David Webber, "To the Fringe and Back: Violent Extremism and the Psychology of Deviance", *American Psychologist* 72, no. 3 (2017): 217.

8 Google Scholar search, accessed September 10, 2017. 搜索"圣战主义"（jihadism）有10 600条结果，相比之下，搜索"白人民族主义"（white nationalism）有3370条。

9 Emily Shugerman, "Sebastian Gorka Said White Supremacists Were 'Not the Problem' Days before Charlottesville", *The Independent*, August 14, 2017; Nathan Guttman, "Sebastian Gorka's Wife Pushed Cuts to Group Fighting White Supremacists", *Forward*, August 16, 2017, http://forward.com/news/breaking-news/380075/sebastian-gorkas-wife-pushed-cuts-to-group-fighting-white-supremacists.

10 Ben Kiernan, "The First Genocide: Carthage, 146 BC", *Diogenes* 51, no. 3 (2004): 27−39.

11 Erich S. Gruen, "Romans and Others", *A Companion to the Roman Republic* (2006): 457−477.

12 Kiernan, "The First Genocide".

13 Norman M. Naimark, *Genocide: A World History* (New York: Oxford University Press, 2016), 5−12.

14 Shimon Applebaum, "The Zealots: The Case for Revaluation", *Journal of Roman Studies* 61 (1971): 155−170; H. Paul Kingdon, "Who Were the Zealots and Their Leaders in AD 66?" *New Testament Studies* 17, no. 1 (1970): 68−72.

15 David Goodblatt, "Priestly Ideologies of the Judean Resistance", *Jewish Studies Quarterly* 3, no. 3 (1996): 225−249; Sidney B. Hoenig, "The Sicarii in Masada: Glory or Infamy?" *Tradition: A Journal of Orthodox Jewish Thought* 11, no. 1

(1970): 5−30.

16 Josephus, *The Wars of the Jews*, book 1, chap. 13, ca. 78 CE, http://www.gutenberg.org/files/2850/2850-h/2850-h.htm; Hoenig, "The Sicarii in Masada".

17 要了解关于梅察达叙事的最新挑战，参见：Ilan Ben Zion, "New Archaeology Shows 'Refugee Camp,' Not Just Rebels, Atop Masada", September 10, 2017, http://forward.com/news/israel/382132/exclusive-new-archaeology-shows-refugee-camp-not-just-rebels-atop-masada。

18 Cyril Glassé, *The New Encyclopedia of Islam*, 3rd ed. (Lanham, MD: Rowman & Littlefield, 2008), 255.

19 Everett K. Rowson, ed., *The History of al-Tabari*, vol. 22, *The Marwanid Restoration: The Caliphate of 'Abd al-Malik AD 693−701/AH 74−81* (Albany: State University of New York Press, 1989), 35n.

20 Elaine Pagels, "Irenaeus, the 'Canon of Truth,' and the 'Gospel of John,' 'Making a Difference' through Hermeneutics and Ritual", *Vigilae Christianae* 56, no. 4 (2002): 339−371.

21 Keith Lewinstein, "Making and Unmaking a Sect: The Heresiographers and the Ṣufriyya", *Studia Islamica* (1992): 75−96.

22 Nelly Lahoud, *The Jihadis' Path to Self-Destruction* (London: Hurst, 2010), 31−32.

23 Thomas Sizgorich, *Violence and Belief in Late Antiquity: Militant Devotion in Christianity and Islam* (Philadelphia: University of Pennsylvania Press, 2010), 17−18.

24 Josef W. Meri, ed., *Medieval Islamic Civilization: An Encyclopedia*, Vol. 1 (New York: Routledge, 2005), 436.

25 Daniel Walther, "A Survey of Recent Research on the Albigensian Cathari", *Church History* 34, no. 2 (1965): 146−177, http://www.jstor.org/stable/3162901; Catherine Léglu, Rebecca Rist, and Claire Taylor, eds., *The Cathars and the Albigensian Crusade: A Sourcebook* (New York: Routledge, 2013), 37−38.

26 Colin Tatz and Winton Higgins, *The Magnitude of Genocide* (Santa Barbara,

CA: Praeger, 2016), 214; Naimark, *Genocide*, 2016, 31−33.

27 Naimark, *Genocide*, 34−38.
28 Juan Ginés de Sepúlveda, "Democrates Alter, or, on the Just Causes for War against the Indians", 1544, http://www.columbia.edu/acis/ets/CCREAD/sepulved.htm.
29 Naimark, *Genocide*, 48−49.
30 John Francis Maxwell, *Slavery and the Catholic Church: The History of Catholic Teaching Concerning the Moral Legitimacy of the Institution of Slavery* (London: Barry Rose Publishers in Association with the Anti-Slavery Society for the Protection of Human Rights, 1975), 45−91.
31 Drew Gilpin Faust, ed., *The Ideology of Slavery: Proslavery Thought in the Antebellum South, 1830−1860* (Baton Rouge: Louisiana State University Press, 1981).
32 Thomas R. Dew, *Review of the Debate [on the Abolition of Slavery] in the Virginia Legislature of 1831 and 1832* (Richmond, VA: T. W. White, 1832).
33 Faust, *The Ideology of Slavery*, 9−12.
34 Junius P. Rodriguez, ed., *Slavery in the United States: A Social, Political, and Historical Encyclopedia*, vol. 1 (Santa Barbara, CA: ABC-CLIO, 2007), 165, 497−498.
35 Richard J. Evans, *The Coming of the Third Reich* (New York: Penguin, 2005), Kindle locations 816−947.
36 Rudolph J. Rummel, *Democide: Nazi Genocide and Mass Murder* (New York: Transaction, 1992), 11−14.
37 Robert S. Wistrich, *Hitler's Apocalypse: Jews and the Nazi Legacy* (London: Weidenfeld & Nicolson, 1985), chaps. 9−12.
38 J. M. Berger, "Without Prejudice: What Sovereign Citizens Believe", Program on Extremism, George Washington University, June 2016, https://cchs.gwu.edu/sites/cchs.gwu.edu/files/downloads/Occasional%20Paper_Berger.pdf.
39 Naimark, *Genocide*, 86−90, 131−136.

40 J. M. Berger, *Jihad Joe: Americans Who Go to War in the Name of Islam* (Washington, DC: Potomac Books, 2011), Kindle locations 203-334.

41 Ibid., Kindle locations 1167-1198, 1165-1327; Vesna Pesic, "Serbian Nationalism and the Origins of the Yugoslav Crisis", 1996, https://www.usip.org/sites/default/files/pwks8.pdf; 前美国驻克罗地亚大使彼得·加尔布雷思（Peter Galbraith）访谈，2009年5月；前美国国家安全事务助理托尼·雷克（Tony Lake）访谈，2009年5月；麻省理工学院政治学助理教授福蒂妮·克里斯蒂亚（Fotini Christia）访谈，2009年5月。

42 "Bosnia & Herzegovina: Extremism & Counter-Extremism", Counter Extremism Project, 2017, https://www.counterextremism.com/countries/bosnia-herzegovina; Ron Synovitz, "Slobo Street? Serb Nationalists Redouble Efforts to Honor Milosevic", Radio Free Europe/Radio Liberty, August 12, 2017, https://www.rferl.org/a/serbia-milosevic-nationalists-street-name/28672918.html.

43 Lawrence Wright, *The Looming Tower: Al-Qaeda and the Road to 9/11* (New York: Knopf, 2006).

44 Jessica Stern and J. M. Berger, *ISIS: The State of Terror* (New York: HarperCollins, 2015), chaps. 5-6.

45 "Syrian President Bashar al-Assad: Facing Down Rebellion", BBC News, October 21, 2015, http://www.bbc.com/news/10338256.

46 Tom Miles, "Syrian Opposition 'Fed Up with Terrorists', Seeks Help against Assad", Reuters, March 26, 2017, http://www.reuters.com/article/us-mideast-crisis-syria-opposition-idUSKBN16X0ZR.

47 Cole Bunzel, "Abandoning al-Qaida: Tahrir al-Sham and the Concerns of Sami al-'Urcaydi", *Jihadica*, May 12, 2017, http://www.jihadica.com/abandoning-al-qaida.

48 Charles R. Lister, *The Syrian Jihad: Al-Qaeda, the Islamic State and the Evolution of an Insurgency* (New York: Oxford University Press, 2016), chap. 9.

49 Ian Fisher, "In Palestinian Power Struggle, Hamas Moderates Talk on Israel", *New York Times*, May 1, 2017, https://www.nytimes.com/2017/05/01/world/

middleeast/hamas-fatah-palestinians-document.html.

50 "From Alt Right to Alt Lite: Naming the Hate", Anti-Defamation League, accessed September 15, 2017, https://www.adl.org/education/resources/backgrounders/from-alt-right-to-alt-lite-naming-the-hate.

51 Thomas Fuller, "Extremism Rises among Myanmar Buddhists", *New York Times*, June 20, 2013, http://www.nytimes.com/2013/06/21/world/asia/extremism-rises-among-myanmar-buddhists-wary-of-muslim-minority.html.

第二章 什么是极端主义？

1 Hannah Arendt, "Ideology and Terror: A Novel Form of Government", *Review of Politics* 15, no. 3 (1953): 303–327.

2 Henri Tajfel, M. J. Billig, R. P. Bundy, and Claude Flament, "Social Categorization and Intergroup Behaviour", *European Journal of Social Psychology* 1, no. 2 (1971): 149–178; Henry Tajfel, "Social Identity and Intergroup Behaviour," *Information (International Social Science Council)* 13, no. 2 (1974): 65–93; Henri Tajfel and John C. Turner, "An Integrative Theory of Intergroup Conflict", *Social Psychology of Intergroup Relations* 33, no. 47 (1979): 74; Henri Tajfel, "The Social Identity Theory of Intergroup Behavior", *Introducing Social Psychology* (New York: Penguin Books, 1978): 401–466.

3 这些定义可以相当个性化且特殊。例如，"意识形态被定义为一种错位的意识形式，由此一个阶级能够为自己的利益而获得并使用剩余劳动力和产品"。Edris Salim El Hassan, "On Ideology: The Case of Religion in Northern Sudan", PhD dissertation, University of Connecticut, 1980.

4 Jean Anyon, "Ideology and United States History Textbooks", *Harvard Educational Review* 49, no. 3 (1979): 361–386; Peter Wiles, "Ideology, Methodology, and Neoclassical Economics", *Journal of Post Keynesian Economics* 2, no. 2 (1979): 155–180; Nels Johnson, "Palestinian Refugee Ideology: An Enquiry into Key Metaphors", *Journal of Anthropological Research* 34, no. 4 (1978): 524–539; Louis Althusser, *On Ideology* (London: Verso, 2008).

5 Sarah Kendzior, "How Do You Become 'White' in America?" *De Correspondent*, September 1, 2016, https://thecorrespondent.com/5185/how-do-you-become-white-in-america/1466577856645-8260d4a7.

6 "Nuremberg Laws", *Holocaust Encyclopedia*, United States Holocaust Memorial Museum, accessed September 17, 2017, https://www.ushmm.org/wlc/en/article.php?ModuleId=10007902.

7 参见: Jason K. Duncan, *Citizens or Papists? The Politics of Anti-Catholicism in New York, 1685-1821* (New York: Fordham University Press, 2005)。

8 J. M. Berger, "Without Prejudice: What Sovereign Citizens Believe", Program on Extremism, George Washington University, June 2016.

9 Benedict Anderson and Richard O'Gorman, *Under Three Flags: Anarchism and the Anti-colonial Imagination* (London: Verso, 2005), 75.

10 Rudolf Rocker, *Anarchism and Anarcho-syndicalism* (London: Freedom Press, 1973).

11 "Murder and Extremism in the United States in 2016", Anti-Defamation League Report, Anti-Defamation League, New York, 2017, https://www.adl.org/education/resources/reports/murder-and-extremism-in-the-united-states-in-2016.

12 Mariah Blake, "Mad Men: Inside the Men's Rights Movement—and the Army of Misogynists and Trolls It Spawned", *Mother Jones*, January-February 2015; Jonathon Merritt, "How Christians Turned against Gay Conversion Therapy", *The Atlantic*, April 15, 2015.

13 更多有关该主题的信息参见: Mia Bloom, *Bombshell: Women and Terrorism* (Philadelphia: University of Pennsylvania Press, 2012)。

14 Benjamin Politowski, "Terrorism in Great Britain: The Statistics", U.K. House of Commons Briefing Library, June 9, 2016; Susanne Rippl and Christian Seipel, "Gender Differences in Right-Wing Extremism: Intergroup Validity of a Second-Order Construct", *Social Psychology Quarterly* 62, no. 4 (1999): 381−393.

15 例如: David Duke, "Defense of White Women and the Vicious Jewish Attack on Trump as the 'Anti-Christ!'", *David Duke Radio Show*, February 20, 2016;

"Pregnant White Women", Stormfront (forum thread), January 16, 2016。

16　Jessica Stern and J. M. Berger, *ISIS: The State of Terror* (New York: HarperCollins, 2015), 89–91.

17　同上，第216页。

18　J. M. Berger, *Jihad Joe: Americans Who Go to War in the Name of Islam* (Washington, DC: Potomac Books, 2011), Kindle locations 1246, 1689, 4013–4022; "37,000 White Women Raped by Blacks in 2005", *White News Now*, August 14, 2014; "The Islamic Rape Epidemic of White Women and Children", Stormfront (forum thread), September 4, 2014.

19　Cassandra Vinograd, "ISIS Hurls Gay Men off Buildings, Stones Them: Analysts", NBC News, August 26, 2015, https://www.nbcnews.com/storyline/isis-terror/isis-hurls-gay-men-buildings-stones-them-analysts-n305171.

20　"Persecution of Homosexuals in the Third Reich", *Holocaust Encyclopedia*, United States Holocaust Memorial Museum, accessed September 20, 2017, https://www.ushmm.org/wlc/en/article.php?ModuleId=10005261.

21　Federal Bureau of Investigation, "Texas Reserve Militia", FBI Letterhead Memorandum, December 21, 1990, obtained by the author through the Freedom of Information Act.

22　"The Safety Valve", *Instauration*, June 1995; "Back Talk", *Instauration*, June 1995.

23　Donna Minkowitz, "How the Alt-Right Is Using Sex and Camp to Attract Gay Men to Fascism", *Slate*, June 5, 2017, http://www.slate.com/blogs/outward/2017/06/05/how_alt_right_leaders_jack_donovan_and_james_o_meara_attract_gay_men_to.html.

24　这些定义改编修订自：J. M. Berger, "Extremist Construction of Identity: How Escalating Demands for Legitimacy Shape and Define In-Group and Out-Group Dynamics", *International Centre for CounterTerrorism—The Hague* 8, no. 7 (2017)。

25　Alex P. Schmid, "The Definition of Terrorism", *The Routledge Handbook of Terrorism Research*, ed. Alex P. Schmid, 30−157 (New York: Routledge Handbooks Online, 2011).

第三章 内群体和外群体

1 Henri Tajfel and John C. Turner, "The Social Identity Theory of Intergroup Behavior" (1979), in *Political Psychology: Key Readings*, ed. John T. Jost and James Sidanius (New York: Psychology Press, 2004), 276−293.

2 J. M. Berger, "Extremist Construction of Identity: How Escalating Demands for Legitimacy Shape and Define In-Group and Out-Group Dynamics", *International Centre for Counter-Terrorism—The Hague* 8, no. 7 (2017).

3 Margaret R. Somers and Gloria D. Gibson, "Reclaiming the Epistemological Other: Narrative and the Social Constitution of Identity", CRSO Working Paper 499, Center for Research on Social Organization, June 1993.

4 Jonathan Friedman, "Myth, History, and Political Identity", *Cultural Anthropology* 7, no. 2 (1992): 194−210.

5 James E. Landing, *Black Judaism: Story of an American Movement* (Durham, NC: Carolina Academic Press, 2002); Stuart Kirsch, "Lost Tribes: Indigenous People and the Social Imaginary", *Anthropological Quarterly* (1997): 58−67.

6 Berger, "Extremist Construction of Identity".

7 同上。

8 同上。

9 同上; Michael J. Vlach, "Various Forms of Replacement Theology", *Master's Seminary Journal* 20, no. 1 (2011): 57−69。

10 Jennifer K. Bosson, Amber B. Johnson, Kate Niederhoffer, and William B. Swann Jr., "Interpersonal Chemistry through Negativity: Bonding by Sharing Negative Attitudes about Others", *Personal Relationships* 13, no. 2 (2006): 135−150, http://uwf.edu/svodanov/AS/Bonding-Social-Identity.pdf.

11 Shiraz Maher, *Salafi-Jihadism: The History of an Idea* (London: Hurst, 2016), 36−39; Hassan Hassan, "The Sectarianism of the Islamic State: Ideological Roots

and Political Context", Carnegie Endowment for International Peace, June 13, 2016.

12. Bart D. Ehrman, *Lost Christianities: The Battles for Scripture and the Faiths We Never Knew* (New York: Oxford University Press, 2005).

13. "Heresy", accessed on March 19, 2018, from New Advent, *The Catholic Encyclopedia*. http://www.newadvent.org/cathen/07256b.htm.

14. Elaine Pagels, "Irenaeus, the 'Canon of Truth,' and the 'Gospel of John': 'Making a Difference' through Hermeneutics and Ritual", *Vigiliae christianae* 56, no. 4 (2002): 339−371.

15. Alexander Roberts and James Donaldson, eds., *The Ante-Nicene Fathers*. Vol. 1: *The Apostolic Fathers—Justin Martyr-Irenaeus* (Grand Rapids, MI: William B. Eerdmans, 1956); accessed in Kindle edition prepared by Matjaž Črnivec, *Against Heresies and Fragments* (Annotated). (Kindle Locations 8041−8099, 2012); Pagels, "Irenaeus, the 'Canon of Truth'".

16. Sidney Z. Ehler and John B. Morrall, eds., *Church and State through the Centuries: A Collection of Historic Documents with Commentaries* (New York: Biblo and Tannen, 1967), 7−9.

17. Rosemary Ruether, *Faith and Fratricide: The Theological Roots of Anti-Semitism* (Eugene, OR: Wipf and Stock, 1996), 128−129.

18. Robert L. Wilken, *John Chrysostom and the Jews: Rhetoric and Reality in the Late Fourth Century* (Eugene, OR: Wipf and Stock, 2004), 68.

19. Thomas Sizgorich, *Violence and Belief in Late Antiquity: Militant Devotion in Christianity and Islam* (Philadelphia: University of Pennsylvania Press, 2012), 35−40.

20. Jennifer Barry, "Diagnosing Heresy: Ps.-Martyrius's Funerary Speech for John Chrysostom", *Journal of Early Christian Studies* 24, no. 3 (2016): 395−418.

21. Sizgorich, *Violence and Belief*, 108−111, 127−143.

22. Anita M. Waters, "Conspiracy Theories as Ethnosociologies: Explanation and Intention in African American Political Culture", *Journal of Black Studies* 28,

no. 1 (1997): 112−125.

23 Thomas F. Pettigrew and Linda R. Tropp, "A Meta-analytic Test of Intergroup Contact Theory", *Journal of Personality and Social Psychology* 90, no. 5 (2006): 751; Keith N. Hampton, Chul-joo Lee, and Eun Ja Her, "How New Media Affords Network Diversity: Direct and Mediated Access to Social Capital through Participation in Local Social Settings", *new media & society* 13, no. 7 (2011): 1031−1049; Eytan Bakshy, Solomon Messing, and Lada A. Adamic, "Exposure to Ideologically Diverse News and Opinion on Facebook", *Science* 348, no. 6239 (2015): 1130−1132.

24 "U.S. Muslims Concerned about Their Place in Society, but Continue to Believe in the American Dream", Pew Research Center, July 26, 2017, p. 128, http://assets.pewresearch.org/wp-content/uploads/sites/11/2017/07/25171611/U.S.-MUSLIMS-FULL-REPORT.pdf.

25 Ted Goertzel, "Belief in Conspiracy Theories", *Political Psychology* (1994): 731−742; Timothy Zaal, "I Used to Be a Neo-Nazi. Charlottesville Terrifies Me", *Politico*, August 18, 2017, http://www.politico.com/magazine/story/2017/08/18/former-neo-nazi-charlottesville-terrifies-me-215502.

第四章 危机和对策

1 H. J. Ingram, "A 'Linkage-Based' Approach to Combating Militant Islamist Propaganda: A Two-Tiered Framework for Practitioners", *International Centre for Counter-Terrorism—The Hague* 7, no. 6 (2016); H. J. Ingram, "The Strategic Logic of the 'Linkage-Based' Approach to Combating Militant Islamist Propaganda: Conceptual and Empirical Foundations", *International Centre for Counter-Terrorism—The Hague* 8, no. 6 (2017).

2 这是一种主观判断。不应假定极端分子了解他们声称自己代表的适任者内群体的真实历史或本质。

3 Aaron Zelin, "The Intellectual Origins of al-Qaeda's Ideology: The Abolishment of the Caliphate through the Afghan Jihad, 1924−1989", master's thesis, Brandeis

University, 2010; Hassan Hassan, "The Sectarianism of the Islamic State: Ideological Roots and Political Context", Carnegie Endowment for International Peace, June 13, 2016.

4 Pedro Domingos, "The Role of Occam's Razor in Knowledge Discovery", *Data Mining and Knowledge Discovery* 3, no. 4 (1999): 409−425.

5 Allison G. Smith, "From Words to Action: Exploring the Relationship between a Group's Value References and Its Likelihood of Engaging in Terrorism", *Studies in Conflict & Terrorism* 27, no. 5 (2004): 409−437.

6 Hannah Darwin, Nick Neave, and Joni Holmes, "Belief in Conspiracy Theories: The Role of Paranormal Belief, Paranoid Ideation and Schizotypy", *Personality and Individual Differences* 50, no. 8 (2011): 1289−1293.

7 霍夫施塔特在其文章中规定，他是在通俗意义上而非临床意义使用"偏执"这个词的。

8 Richard Hofstadter, *The Paranoid Style in American Politics* (New York: Vintage, 2012), 36.

9 Ted Goertzel, "Belief in Conspiracy Theories", *Political Psychology* 15, no. 4 (1994): 731−742.

10 Anita M. Waters, "Conspiracy Theories as Ethnosociologies: Explanation and Intention in African American Political Culture", *Journal of Black Studies* 28, no. 1 (1997): 112−125.

11 Steve Oswald, "Conspiracy and Bias: Argumentative Features and Persuasiveness of Conspiracy Theories", Ontario Society for the Study of Argumentation, 2016.

12 Hofstadter, *The Paranoid Style*, 35.

13 J. M. Berger, "The *Turner* Legacy: The Storied Origins and Enduring Impact of White Nationalism's Deadly Bible", *International Centre for Counter Terrorism—The Hague* 7, no. 8 (2016).

14 Berger, "The *Turner* Legacy".

15 Melissa Ames, "Engaging 'Apolitical' Adolescents: Analyzing the Popularity and Educational Potential of Dystopian Literature Post-9/11", *High School*

Journal 97, no 1 (2013): 3−20; Alex Campbell, "Why Is Dystopian Fiction Still So Popular?" *The Guardian*, November 18, 2014, https://www.theguardian.com/childrens-books-site/2014/nov/18/hunger-games-dystopian-fiction-appeal-to-teenagers-alex-campbell.

16　J. M. Berger, "When? A Prophetical Novel of the Very Near Future", World Gone Wrong (blog), April 17. 2017, http://www.worldgonewrong.net/2017/04/when-prophetical-novel-of-very-near.html.

17　Patricia L. Dunmire, "Preempting the Future: Rhetoric and Ideology of the Future in Political Discourse", *Discourse & Society* 16, no. 4 (2005): 481−513; Keith Aoki and John Shuford, "Welcome to Amerizona—Immigrants Out! Assessing 'Dystopian Dreams' and 'Usable Futures' of Immigration Reform, and Considering Whether 'Immigration Regionalism' Is an Idea Whose Time Has Come", *Fordham Urban Law Journal* 38 (2010): 1.

18　Aric McBay, Lierre Keith, and Derrick Jensen, *Deep Green Resistance: Strategy to Save the Planet* (New York: Seven Stories Press, 2011).

19　Norman Cohn, *The Pursuit of the Millennium: Revolutionary Millenarians and Mystical Anarchists of the Middle Ages*, rev. ed. (New York: Oxford University Press, [1970] 2011), expanded Kindle edition locations 816−957.

20　"crisis", Merriam-Webster, https://www.merriam-webster.com/dictionary/ crisis.

21　Jessica Stern and J. M. Berger, *ISIS: The State of Terror* (New York: HarperCollins, 2015), 104−125.

22　本节部分改写自：J. M. Berger, "Extremist Construction of Identity: How Escalating Demands for Legitimacy Shape and Define In-Group and Out-Group Dynamics", *International Centre for Counter-Terrorism—The Hague* 8, no. 7 (2017)。

23　"*Protocols of the Elders of Zion*: Timeline", *Holocaust Encyclopedia*, U.S. Holocaust Memorial Museum, https://www.ushmm.org/wlc/en/article.php?ModuleId=10007244; Sergei Nilus, *The Protocols and World Revolution: Including a Translation and Analysis of the "Protocols of the Meetings of the*

Zionist Men of Wisdom" (Boston: Small, Maynard, 1920).

24 Richard Landes and Steven T. Katz, *The Paranoid Apocalypse: A Hundred-Year Retrospective on the Protocols of the Elders of Zion* (New York: NYU Press, 2012), 114.

25 同上。又见 "*Protocols of the Elders of Zion*: Timeline"。

26 Henry Ford, *The International Jew: Aspects of Jewish Power in the United States*, vol. 4. (Dearborn, MI: Dearborn Publishing Company, 1922).

27 H. Ben Judah, *When? A Prophetical Novel of the Very Near Future* (Vancouver: British Israel Association of Greater Vancouver, 1944).

28 Edward Rothstein, "The Anti-Semitic Hoax That Refuses to Die", *New York Times*, April 21, 2006; Emma Gray Ellis, "The Internet Protocols of the Elders of Zion", *Wired*, March 12, 2017.

29 Riaz Hassan, "Interrupting a History of Tolerance: Anti-Semitism and the Arabs", *Asian Journal of Social Science* 37, no. 3 (2009): 452−462; "Jordanian TV Series on 'Protocols of Elders of Zion': The Abhorred, Treacherous Jews Are the World's Masters, Corrupters, Executioners", Middle East Media Research Institute, April 2−16, 2017, https://www.memri.org/tv/jordan-media-director-protocols-elders-zion-abhorred-treacherous-jews.

30 Maura Conway, "Terrorism and the Making of the 'New Middle East': New Media Strategies of Hezbollah and al Qaeda", in *New Media and the New Middle East*, ed. Philip Seib (New York: Palgrave Macmillan, 2007), 235−258; Lawrence Wright, *The Terror Years: From al-Qaeda to the Islamic State* (New York: Vintage, 2017), 298.

31 Haroro J. Ingram, "Deciphering the Siren Call of Militant Islamist Propaganda: Meaning, Credibility, and Behavioural Change", The International Centre for Counter-Terrorism research paper, The Hague, September 2016.

32 Abdullahi A. An-Na'im, "Religious Minorities under Islamic Law and the Limits of Cultural Relativism", *Human Rights Quarterly* 9, no. 1 (1987): 1.

33 Dan Baum, "Legalize It All", *Harper's Magazine*, April 2016, https://harpers.

org/archive/2016/04/legalize-it-all.

34 Janelle Jones, "The Racial Wealth Gap: How African-Americans Have Been Shortchanged out of the Materials to Build Wealth", Economic Policy Institute, February 13, 2017, http://www.epi.org/blog/the-racial-wealth-gap-how-african-americans-have-been-shortchanged-out-of-the-materials-to-build-wealth.

35 Kathy Marks, *Faces of Right Wing Extremism* (Wellesley, MA: Branden Books, 1996), 78, 134, 142.

36 James B. Jacobs and Kimberly Potter, *Hate Crimes: Criminal Law and Identity Politics* (New York: Oxford University Press, 2000).

37 Hannah Arendt, "Reflections on Violence", *Journal of International Affairs* 23, no. 1 (1969): 1−35; Martin Shubik, "Terrorism, Technology, and the Socioeconomics of Death", *Comparative Strategy* 16, no. 4 (1997): 399−414.

38 J. M. Berger, "A Definition of Terrorism," Intelwire.com, June 21, 2015, http://news.intelwire.com/2015/06/a-definition-of-terrorism.html.

39 Ellen Knickmeyer, "Blood on Our Hands", *Foreign Policy*, October 25, 2010; Bobby Ghosh, "An Eye for an Eye", *Time*, February 26, 2006.

40 Stern and Berger, *ISIS*, 281.

41 Karl Ove Knausgaard, "Inside the Warped Mind of Anders Breivik", *The Telegraph*, July 18, 2015, reprinted July 22, 2016, http://www.telegraph.co.uk/news/2016/07/22/anders-breivik-inside-the-warped-mind-of-a-mass-killer.

42 "The 'Final Solution': Background & Overview", Jewish Virtual Library, accessed September 23, 2017, http://www.jewishvirtuallibrary.org/background-and-overview-of-the-quot-final-solution-quot.

43 Berger, "The *Turner* Legacy".

44 Norman M. Naimark, *Genocide: A World History* (New York: Oxford University Press, 2016), 48−56; Walter Richmond, *The Circassian Genocide* (Rutgers, NJ: Rutgers University Press, 2013), 3−8.

45 "Documenting Numbers of Victims of the Holocaust and Nazi Persecution", *Holocaust Encyclopedia*, U.S. Holocaust Memorial Museum, accessed September

23, 2017, https://www.ushmm.org/wlc/en/article.php?ModuleId=10008193.

46 Sam Greenlee, *The Spook Who Sat by the Door: A Novel* (Detroit, MI: Wayne State University Press, 1990).

47 本节部分改写自:Berger, "The *Turner* Legacy"。

48 Lottie L. Joiner, "After Thirty Years, a Controversial Film Re-emerges", *The Crisis*, November/December 2003, 41.

49 鉴于当时联邦调查局在其反间谍项目(counterintelligence program, COINTELPRO)下的活动,格林利的怀疑不能被轻易斥为偏执狂。下述纪录片更充分地探讨了这一说法:*Infiltrating Hollywood: The Spook Who Sat by the Door* (ChiTrini Productions, 2011)。

50 J. M. Berger, "The John Franklin Letters", WorldGoneWrong.net, September 12, 2016, http://www.worldgonewrong.net/2016/09/the-john-franklin-letters.html.

第五章 激进化

1 本节部分内容改写自:J. M. Berger, "Making CVE Work: A Focused Approach Based on Process Disruption", *International Centre for Counter-Terrorism—The Hague* 7, no. 5 (2016)。

2 Kevin B. Goldstein, "Unemployment, Inequality and Terrorism: Another Look at the Relationship between Economics and Terrorism", *Undergraduate Economic Review* 1, no. 1 (2005): 6, http://digitalcommons.iwu.edu/cgi/viewcontent.cgi?article=1006&context=uer; James A. Piazza, "The Determinants of Domestic Right-Wing Terrorism in the USA: Economic Grievance, Societal Change and Political Resentment", *Conflict Management and Peace Science* 34, no. 1 (2015): 52−80, http://journals.sagepub.com/doi/abs/10.1177/0738894215570429; James A. Piazza, "Rooted in Poverty?: Terrorism, Poor Economic Development, and Social Cleavages", *Terrorism and Political Violence* 18, no. 1 (2006): 159−177, http://www.tandfonline.com/doi/abs/10.1080/095465590944578; Edward Newman, "Exploring the 'Root Causes' of Terrorism", *Studies in Conflict and Terrorism* 29, no. 8 (2006): 749−772, http://www.tandfonline.com/doi/

abs/10.1080/10576100600704069; Andreas E. Feldmann and Maiju Perälä, "Reassessing the Causes of Nongovernmental Terrorism in Latin America", *Latin American Politics and Society* 46, no. 2 (2004): 101−132, http://onlinelibrary.wiley.com/doi/10.1111/j.1548-2456.2004.tb00277.x/abstract.

3 Efraim Benmelech and Esteban F. Klor, *What Explains the Flow of Foreign Fighters to ISIS?*,. NBER Working Paper No. 22190, National Bureau of Economic Research, 2016, http://www.nber.org/papers/w22190.

4 Nate Rosenblatt, "All Jihad Is Local: What ISIS' Files Tell Us about Its Fighters", New America, Washington, DC, 2016.

5 Diego Gambetta and Steffen Hertog, "Uncivil Engineers: The Surprising Link between Education and Jihad", *Foreign Affairs*, March 10, 2016, https://www.foreignaffairs.com/articles/2016-03-10/uncivil-engineers.

6 C. Berrebi, "Evidence about the Link between Education, Poverty and Terrorism among Palestinians", *Peace Economics, Peace Science and Public Policy* 13, no. 1 (2007), http://www.degruyter.com/view/j/peps.2007.13.issue-1/peps.2007.13.1.1101/peps.2007.13.1.1101.xml.

7 同上。

8 Rik Coolsaet, "Facing the Fourth Foreign Fighters Wave: What Drives Europeans to Syria, and to Islamic State? Insights from the Belgian Case", Egmont Paper 81, Royal Institute for International Relations, Brussels, March 2016, http://aei.pitt.edu/73708.

9 Michael K. Jerryson and Mark Juergensmeyer, eds., *Buddhist Warfare* (New York: Oxford University Press, 2010), 160−164; Francis Wade, *Myanmar's Enemy Within* (Chicago: University of Chicago Press, 2017).

10 Andrew Hough, "Norway Shooting: Anders Behring Breivik Plagiarised 'Unabomber'", *The Telegraph*, July 24, 2011.

11 例如：Stephen Kinzer, "French, British Colonialism Grew a Root of Terrorism", *Boston Globe*, February 15, 2015; Richard J. Pech and Bret W. Slade, "Religious Fundamentalism and Terrorism: Why Do They Do It and What Do They Want?"

Foresight 8, no. 1 (2006): 8−20.

12 J. M. Berger, "Extremist Construction of Identity: How Escalating Demands for Legitimacy Shape and Define In-Group and Out-Group Dynamics", *International Centre for Counter-Terrorism—The Hague*, 8, no. 7 (2017); J. M. Berger, "Deconstruction of Identity Concepts in Islamic State Propaganda: A Linkage-Based Approach to Counter-Terrorism Strategic Communications", paper presented at the First European Counter Terrorism Centre (ECTC) Conference on Online Terrorist Propaganda, Europol, The Hague, June 9, 2017; J. M. Berger, "Countering Islamic State Messaging through 'Linkage-Based' Analysis", *International Centre for Counter-Terrorism—The Hague* 8, no. 2 (2017).

13 J. M. Berger, "Tailored Online Interventions: The Islamic State's Recruitment Strategy", *CTC Sentinel* 8, no. 10 (October 2015); Berger, "Making CVE Work".

14 更多这方面的内容参见: H. J. Ingram, *The Charismatic Leadership Phenomenon in Radical and Militant Islamism* (New York: Routledge, 2016)。

15 William McCants, *The ISIS Apocalypse: The History, Strategy, and Doomsday Vision of the Islamic State* (New York: Macmillan, 2015), 34−41.

16 关于这个问题的讨论参见: Ron Rosenbaum, *Explaining Hitler: The Search for the Origins of His Evil* (Boston: Da Capo Press, [1998] 2014)。

17 Aubrey Burl, *God's Heretics: The Albigensian Crusade* (Stroud, Gloucestershire, UK: History Press, 2005), chap. 6 et al.

18 Hannah Arendt, "Ideology and Terror: A Novel Form of Government", *Review of Politics* 15, no. 3 (1953): 303−327.

19 Berger, "Making CVE Work".

20 Clark McCauley and Sophia Moskalenko, "Mechanisms of Political Radicalization: Pathways toward Terrorism", *Terrorism and Political Violence* 20, no. 3 (2008): 415−433.

21 Stephen Kinzer, "French, British Colonialism Grew a Root of Terrorism", *Boston Globe*, February 11, 2015, https://www.bostonglobe.com/opinion/2015/02/11/french-british-colonialism-bred-root-terrorism/GSaZbcZuqXtbRE9CiwWPcO/

story.html; "Oppression of Muslims Only Fosters Terrorism, Pakistani Leader Warns General Assembly", *UN News*, September 19, 2006, http://www.un.org/apps/news/story.asp?NewsID=19893.

22 James Silver, John Horgan, and Paul Gill, "Foreshadowing Targeted Violence: Assessing Leakage of Intent by Public Mass Murderers", *Aggression and Violent Behavior* (December 2017).

23 J. M. Berger, "PATCON: The FBI's Secret War against the 'Patriot' Movement, and How Infiltration Tactics Relate to Radicalizing Influences", New America, May 2012.

24 Peter Byrne, "Anatomy of Terror: What Makes Normal People Become Extremists?" *New Scientist*, August 16, 2017, https://www.newscientist.com/article/mg23531390-700-anatomy-of-terror-what-makes-normal-people-become-extremists.

25 Silver, Horgan, and Gill, "Foreshadowing Targeted Violence".

26 一份引用了大量研究的综述可见于：Henri Tajfel and Michael Billic, "Familiarity and Categorization in Intergroup Behavior", *Journal of Experimental Social Psychology* 10, no. 2 (1974): 159-170。

27 Jason T. Siegel, William D. Crano, Eusebio M. Alvaro, Andrew Lac, David Rast, and Vanessa Kettering, "Dying to Be Popular: A Purposive Explanation of Adolescent Willingness to Endure Harm", in *Extremism and the Psychology of Uncertainty*, ed. Michael A. Hogg and Danielle L. Blaylock, 115-130 (Malden, MA: Wiley-Blackwell, 2012), Kindle location 3703.

28 Michael Hogg, "Self-Uncertainty, Social Identity, and the Solace of Extremism", in *Extremism and the Psychology of Uncertainty*, ed. Michael A. Hogg and Danielle L. Blaylock, 19-35 (Malden, MA: Wiley-Blackwell, 2012).

29 J. Richard Eiser, Tom Stafford, and Russell H. Fazio, "Prejudiced Learning: A Connectionist Account", *British Journal of Psychology* 100, no. 2 (2009): 399-413.

30 John T. Jost and Roderick M. Kramer, "The System Justification Motive

in Intergroup Relations", in *From Prejudice to Intergroup Emotions: Differentiated Reactions to Social Groups*, ed. Diane M. Mackie and Eliot R. Smith, 227-246 (New York: Psychology Press, 2002).

31 Michèlle Bal and Kees van den Bos, "From System Acceptance to Embracing Alternative Systems and System Rejection: Tipping Points in Processes of Radicalization", *Translational Issues in Psychological Science* 3, no. 3 (2017): 241.

32 同上。

33 Emily Corner and Paul Gill, "A False Dichotomy? Mental Illness and LoneActor Terrorism", *Law and Human Behavior* 39, no 1 (2015): 23; Katherine M. Ramsland, *Inside the Minds of Mass Murderers: Why They Kill* (Westport, CT: Praeger, 2005), 42.

34 John Lofland and Rodney Stark, "Becoming a World-Saver: A Theory of Conversion to a Deviant Perspective", *American Sociological Review* 30, no. 6 (1965): 862-875; Jessica Stern and J. M. Berger, *ISIS: The State of Terror* (New York: HarperCollins, 2015), 81; Richard Barrett, "Foreign Fighters in Syria", Soufan Group, June 2014, http://soufangroup.com/wp-content/uploads/2014/06/TSG-Foreign-Fighters-in-Syria.pdf; David C. Rapoport, ed., *Terrorism: The Fourth or Religious Wave* (Taylor & Francis, 2006), 345.

35 Bal and van den Bos, "From System Acceptance to Embracing Alternative Systems and System Rejection".

36 Hogg, "Self-Uncertainty, Social Identity, and the Solace of Extremism", Kindle location 1187.

37 Bal and van den Bos, "From System Acceptance to Embracing Alternative Systems and System Rejection".

38 Hogg, "Self-Uncertainty, Social Identity, and the Solace of Extremism", Kindle location 1279.

39 J. M. Berger, "The Metronome of Apocalyptic Time: Social Media as Carrier Wave for Millenarian Contagion", *Perspectives on Terrorism* 9, no. 4 (2015).

40 Amarnath Amarasingam and J. M. Berger, "With the Destruction of the Caliphate, the Islamic State Has Lost Far More Than Territory", *Monkey Cage* (blog), *Washington Post*, October 31, 2017, https://www.washingtonpost.com/news/monkey-cage/wp/2017/10/31/the-caliphate-that-was.

41 Alison McQueen, "The Apocalypse in U.S. Political Thought", *Foreign Affairs*, July 18, 2016, https://www.foreignaffairs.com/articles/united-states/2016-07-18/apocalypse-us-political-thought.

42 Adam Withnall, "Isis Loses 'Prophesied' Town of Dabiq to Syrian Rebels after Short Battle", *The Independent*, October 16, 2016, http://www.independent.co.uk/news/world/middle-east/isis-dabiq-loses-apocalyptic-prophesy-town-of-dabiq-to-syria-rebels-short-battle-a7363931.html.

第六章 极端主义的前景

1 Carolyn Jensen, "Review of the Printing Revolution in Early Modern Europe", *LORE: Rhetoric, Writing, Culture* 12 (2001); Colin Woodard, "The Power of Luther's Printing Press", *Washington Post*, December 18, 2015, https://www.washingtonpost.com/opinions/the-power-of-luthers-printing-press/2015/12/18/a74da424-743c-11e5-8d93-0af317ed58c9_story.html; Mark Edwards Jr., "Apocalypticism Explained: Martin Luther", Frontline, accessed November 10, 2017, http://www.pbs.org/wgbh/pages/frontline/shows/apocalypse/explanation/martinluther.html.

2 Maja Adena, Ruben Enikolopov, Maria Petrova, Veronica Santarosa, and Ekaterina Zhuravskaya, "Radio and the Rise of the Nazis in Prewar Germany", *Quarterly Journal of Economics* 130, no. 4 (2015): 1885–1939.

3 J. M. Berger, "Internet Provides Terrorists with Tools—Just Like Everyone Else", Intelwire, July 31, 2011, http://news.intelwire.com/2011/07/internet-provides-terrorists-with-tools.html.

4 J. M. Berger, "#Unfollow: The Case for Kicking Terrorists off Twitter", *Foreign Policy*, February 20, 2013, http://foreignpolicy.com/2013/02/20/unfollow; Jessica

Stern and J. M.Berger, *ISIS: The State of Terror* (New York: HarperCollins, 2015), chaps. 10−11.

5 J. M. Berger and Bill Strathearn, "Who Matters Online: Measuring Influence, Evaluating Content and Countering Violent Extremism in Online Social Networks", International Centre for the Study of Radicalisation and Politcal Terrorism, London, March 2013; J. M. Berger, "Nazis vs. ISIS on Twitter: A Comparative Study of White Nationalist and ISIS Online Social Media Networks", Program on Extremism, George Washington University, September 2016.

6 Pablo Barberá, "How Social Media Reduces Mass Political Polarization: Evidence from Germany, Spain, and the US", Working Paper, New York University, 2014; Levi Boxell, Matthew Gentzkow, and Jesse M. Shapiro, "Is the Internet Causing Political Polarization? Evidence from Demographics", NBER Working Paper No. 23258, National Bureau of Economic Research, 2017.

7 J. M. Berger, "The Toxic Mix of Extremism and Social Media", Nova Next, September 7, 2016, http://www.pbs.org/wgbh/nova/next/military/extremism-social-media.

8 Matenia Sirseloudi, "Dyadic Radicalisation via Internet Propaganda", paper presented at the Europol Conference on Online Terrorist Propaganda, Europol's European Counter Terrorism Centre, The Hague, April 10−11, 2017; Julia Ebner, *The Rage: The Vicious Circle of Islamist and Far-Right Extremism* (London: Tauris, 2017).

9 J. M. Berger, "Making CVE Work: A Focused Approach Based on Process Disruption", *International Centre for Counter-Terrorism—The Hague* 7, no. 5 (2016).

10 Greg Miller and Scott Higham, "In a Propaganda War against ISIS, the U.S. Tried to Play by the Enemy's Rules", *Washington Post*, May 8, 2015.

11 Berger, "Making CVE Work".

12 Spencer Ackerman, "FBI Fired Sebastian Gorka for Anti-Muslim Diatribes", *Daily Beast*, June 21, 2017, https://www.thedailybeast.com/fbi-fired-sebastian-

gorka-for-anti-muslim-diatribes; Ayaan Hirsi Ali, "Why the United States Should Back Islam's Reformation", *Dallas Morning News*, August 14, 2015, https://www.belfercenter.org/publication/ayaan-hirsi-ali-why-united-states-should-back-islams-reformation.

13 Hannah Arendt, "Thinking and Moral Considerations: A Lecture", *Social Research* 38, no. 3 (1971): 417−446.

14 本节改写自：J. M. Berger, "Extremist Construction of Identity: How Escalating Demands for Legitimacy Shape and Define In-Group and Out-Group Dynamics", *International Centre for Counter-Terrorism—The Hague* 8, no. 7 (2017)。

15 "President Obama's Remarks at the Islamic Society of Baltimore", *Baltimore Sun*, February 3, 2016, http://www.baltimoresun.com/news/maryland/bs-md-obama-mosque-visit-remarks-20160203-story.html.

16 例如："Developing Effective Counter-Narrative Frameworks for Countering Violent Extremism", Meeting Note, International Centre for Counter-Terrorism—The Hague, September 2014, https://www.dhs.gov/sites/default/files/publications/Developing%20Effective%20Frameworks%20for%20CVE-Hedayah_ICCT%20Report.pdf。

17 Berger, "Extremist Construction of Identity".

18 Akil N. Awan, "Success of the Meta-Narrative: How Jihadists Maintain Legitimacy", *CTC Sentinel* 2, no. 11 (2009): 6−9; William McCants, *The ISIS Apocalypse: The History, Strategy, and Doomsday Vision of the Islamic State* (New York: Macmillan, 2015), 18−20, 37, 79−82.

19 仅举几个例子：Michael King and Donald M. Taylor, "The Radicalization of Homegrown Jihadists: A Review of Theoretical Models and Social Psychological Evidence", *Terrorism and Political Violence* 23, no. 4 (2011): 602−622; Randy Borum, "Radicalization into Violent Extremism II: A Review of Conceptual Models and Empirical Research", *Journal of Strategic Security* 4, no. 4 (2011): 37; Coyt D. Hargus, "Islamic Radicalization and the Global Islamist Movement: Protecting U.S. National Interests by Understanding and Countering Islamist

Grand Strategy with U.S. Policy", Joint Advanced Warfighting School, Joint Forces Staff College, National Defense University, Norfolk, VA, 2013; Peter Neumann and Scott Kleinmann, "How Rigorous Is Radicalization Research?" *Democracy and Security* 9, no. 4 (2013): 360−382; Andrew Hoskins and Ben O'Loughlin, "Media and the Myth of Radicalization", *Media, War, & Conflict* 2, no. 2 (2009): 107−110; Clark McCauley and Sophia Moskalenko, "Mechanisms of Political Radicalization: Pathways toward Terrorism", *Terrorism and Political Violence* 20, no. 3 (2008): 415−433。

20 Jessica Stern and J. M. Berger, *ISIS: The State of Terror* (New York: HarperCollins, 2015), 25−30, 35−39, ff.

21 Steven Pinker, *The Better Angels of Our Nature: Why Violence Has Declined* (New York: Penguin Books, 2012).

22 Dominic Abrams, "Extremism Is Normal: The Roles of Deviance and Uncertainty in Shaping Groups and Society", in *Extremism and the Psychology of Uncertainty*, ed. Michael A. Hogg and Danielle L. Blaylock, 36−54 (New York: Wiley, 2011).

23 J. M. Berger, "The Awakening," *Foreign Policy*, November 13, 2012, http://foreignpolicy.com/2012/11/13/the-awakening; J. M. Berger, "Fringe Following", *Foreign Policy*, March 28, 2015; http://foreignpolicy.com/2013/03/28/fringe-following; J. M. Berger, "#Unfollow", *Foreign Policy*, February 20, 2013, http://foreignpolicy.com/2013/02/20/unfollow; J. M. Berger, "Following the Money Men", Intelwire, June 14, 2014, http://news.intelwire.com/2014/06/following-money-men.html.

24 John Horgan and Jessica Stern, "Terrorism Research Has Not Stagnated", *Chronicle of Higher Education* 8 (2013).

参考文献

本书试图将数年来对极端主义意识形态和宣传的研究提炼成简短易懂的文本。那么这些概念是如何发展的?对此读者可能会提出更具体的问题。下面的阅读资料提供了这些结论推导过程的更多细节。

关于英国以色列主义向基督徒身份的意识形态演变,及本书中身份建构概念的衍生:

Berger, J. M. "Extremist Construction of Identity: How Escalating Demands for Legitimacy Shape and Define In-Group and Out-Group Dynamics." *International Centre for Counter-Terrorism—The Hague* 8, no. 7 (2017). https://icct.nl/publication/extremist-construction-ofidentity-how-escalating-demands-for-legitimacy-shape-and-define-in-group-and-out-group-dynamics.

关于"伊斯兰国"宣传中使用的概念,包括附带的身份建构要素和危机-对策构想:

Berger, J. M. "Countering Islamic State Messaging through 'Linkage-Based' Analysis." *International Centre for Counter Terrorism—The Hague* 8, no. 2 (2017). https://icct.nl/publication/countering-islamicstate-messaging-through-linkage-based-analysis.

关于危机-对策构想和意义系统：

Ingram, H. J. "The Strategic Logic of the 'Linkage-Based' Approach to Combating Militant Islamist Propaganda: Conceptual and Empirical Foundations." *International Centre for Counter-Terrorism—The Hague* 8, no. 6 (2017). https://icct.nl/publication/the-strategic-logic-of-the-linkage-based-approach-to-combating-militant-islamist-propagandaconceptual-and-empirical-foundations.

关于不确定性-身份认同理论：

Hogg, Michael A., and Danielle Blaylock, eds. *Extremism and the Psychology of Uncertainty*. Malden, MA: Wiley, 2012.

关于抗击极端主义，包括一篇有关极端主义的原因和驱动因素以及个人激进化模型的研究综述：

Berger, J. M. "Making CVE Work: A Focused Approach Based on Process Disruption." *International Centre for Counter-Terrorism—The Hague* 7, no. 5 (2016). https://icct.nl/publication/making-cve-work-a-focusedproach-based-on-process-disruption.

补充阅读

Berger, J. M. "Tailored Online Interventions: The Islamic State's Recruitment Strategy." *CTC Sentinel* 8, no. 10 (October 2015).

Berger, J. M. "The Turner Legacy: The Storied Origins and Enduring Impact of White ationalism's Deadly Bible." *International Centre for Counter-Terrorism—The Hague* 7, no. 8 (2016). https://icct.nl/publication/the-turner-legacy-the-storied-origins-andenduring-impact-of-white-nationalisms-deadly-bible.

Cohn, Norman. *The Pursuit of the Millennium: Revolutionary Millenarians and*

Mystical Anarchists of the Middle Ages. New York: Oxford University Press, 1970, expanded Kindle edition 2011.

Evans, Richard J. *The Coming of the Third Reich*. New York: Penguin, 2005.

Faust, D. G., ed. *The Ideology of Slavery: Proslavery Thought in the Antebellum South, 1830−1860*. Baton Rouge: Louisiana State University Press, 1981.

Hofstadter, Richard. *The Paranoid Style in American Politics*. New York: Vintage, 2012.

Landes, Richard, and Steven T. Katz. *The Paranoid Apocalypse: A Hundred-Year Retrospective on the Protocols of the Elders of Zion*. New York: New York University Press, 2012.

Léglu, C., R. Rist, and C. Taylor, eds. *The Cathars and the Albigensian Crusade: A Sourcebook*. New York: Routledge, 2013.

Naimark, Norman M. Genocide: *A World History*. New York: Oxford University Press, 2016.

Schmid, Alex P. "The Definition of Terrorism." In *The Routledge Handbook of Terrorism Research*, ed. Alex P. Schmid, 39−157. New York: Routledge, 2011.

Stern, Jessica, and J. M. Berger. *ISIS: The State of Terror*. New York: Harper-Collins, 2015.

Tajfel, Henri, M. G. Billig, R. P. Bundy, and Claude Flament. "Social Categorization and Intergroup Behaviour." *European Journal of Social Psychology* 1, no. 2 (1971): 149−178.

Waters, Anita M. "Conspiracy Theories as Ethnosociologies: Explanation and Intention in African American Political Culture." *Journal of Black Studies* 28, no. 1 (1997): 112−125.

Zelin, Aaron. "The Intellectual Origins of al-Qaeda's Ideology: The Abolishment of the Caliphate through the Afghan Jihad, 1924–1989." Master's thesis, Brandeis University, 2010.

·延伸阅读

图 书

Barkun, Michael. *Religion and the Racist Right: The Origins of the Christian Identity Movement*. Chapel Hill: University of North Carolina Press Books, 1997.

Hogg, Michael A., and Danielle Blaylock, eds. *Extremism and the Psychology of Uncertainty*. Malden, MA: Wiley, 2012.

Landes, R., and S. T. Katz, eds. *The Paranoid Apocalypse: A Hundred Year Retrospective on the Protocols of the Elders of Zion*. New York: NYU Press, 2012.

McCants, William. *The ISIS Apocalypse: The History, Strategy, and Doomsday Vision of the Islamic State*. New York: Macmillan, 2015.

Naimark, Norman M. *Genocide: A World History*. New York: Oxford University Press, 2016.

Stern, Jessica. *Terror in the Name of God: Why Religious Militants Kill*. New York: Ecco, 2004.

论 文

可在https://icct.nl/topic/counter-terrorism-strategic-communications-ctsc免费查阅。

Berger, J. M. "Extremist Construction of Identity: How Escalating Demands for Legitimacy Shape and Define In-Group and Out-Group Dynamics." *International Centre for Counter-Terrorism—The Hague* 8, no. 7 (2017).

Berger, J. M. "Making CVE Work: A Focused Approach Based on Process Disruption." *International Centre for Counter-Terrorism—The Hague* 7, no. 5 (2016).

Ingram, H. J. "A Brief History of Propaganda during Conflict: Lessons for Counter-Terrorism Strategic Communications." *International Centre for Counter-Terrorism—The Hague* 7, no. 6 (2016).

Ingram, H. J. "The Strategic Logic of the 'Linkage-Based Approach to Combating Militant Islamist Propaganda: Conceptual and Empirical Foundations." *International Centre for Counter-Terrorism—The Hague* 8, no. 6 (2017).

Reed, Alastair, H. J. Ingram, and Joe Whittaker. "Countering Terrorist Narratives." European Parliament Policy Department for Citizens' Rights and Constitutional Affairs. November 2017.

・索 引*

A

Abortion 堕胎 39

Afghanistan 阿富汗 16-18, 78, 106

Against Heresies (book) 《反异端论》(图书) 66

Al Qaeda 基地组织 17-19, 78-79, 92, 95, 104, 106, 157, 159

Albigensian Crusade 阿尔比十字军 10-11, 76, 107

Alt-right 极右翼 2, 20, 43

Anti-Semitism 反犹主义 14-15, 20, 60, 69, 96-98

Apocalypse 天启大灾难 92-94, 141-142

Apostasy 叛教 64-69

Archetypes (archetypical identities) 原型（原型身份） 36, 54

Arendt, Hannah 汉娜·阿伦特 23, 121

Assad, Bashar al 巴沙尔·阿萨德 19

Azzam, Abdullah 阿卜杜拉·阿赞 16

---

* 索引标注页码为原书页码，即本书边码。

B

bin Laden, Osama 奥萨马·本·拉登 17-18, 79, 120

Black nationalism 黑人民族主义 33, 108, 110

Bosnia 波斯尼亚 17

Breivik, Anders 安德斯·布雷维克 91, 105, 119

British Israelism 英国以色列主义 57-60, 98, 159

C

Carthage 迦太基 6-7

Carthago delenda est 迦太基必须毁灭 6

Categorization 分类 25-26, 48, 71, 132

Cathars 清洁派 10-11, 76, 120

Cato the Elder 老加图 6

Christian Identity 基督徒身份 57, 60-62, 98, 119

Chrysostom, John 金口圣若望 67-68

Conquistadors 征服者 11-12

Conspiracy theories 阴谋论 73, 84-89, 96-98, 110, 123, 141, 150-151

Constantine 君士坦丁 66

Countering Violent Extremism (CVE) 抗击暴力极端主义 153-156, 158

Crises 危机 76-96

Crisis-solution construct 危机-对策构想 44, 48, 99, 111, 123, 129, 141, 150

D

Dew, Thomas Roderick 托马斯·罗德里克·迪尤 13

Discrimination 歧视 101

Dystopia 反乌托邦 73, 89-91, 108-111, 141

E

Entitativity 群体实体性 139-140

Ethnic cleansing 种族清洗 102

Existential threat 生存威胁 91-92, 107

Extremism 极端主义
  anarchist 无政府主义的～ 15, 30, 36-39
  antigovernment 反政府～ 36
  causes of ～的成因 116-117, 139-143
  classist 阶级主义的～ 37-38
  definition of ～的定义 1-2, 43-46
  nationalist 民族主义的～ 34-36, 116-117, 136
  racial 种族的～ 30-33, 83, 116
  and religion ～和宗教 116-117
  religious 宗教的～ 33-35
  as spectrum ～作为光谱 47-48
  types of ～的类型 28-43

F

Ferdinand, Archduke Franz 弗朗茨·斐迪南大公 15

Foreign fighters 外籍战士 16, 114-115, 126

G

Gender 性别 40-43

Genocide 种族灭绝 6-7, 11, 15, 20, 44, 76, 84, 92, 100-102, 106-108, 110, 122

Greenlee, Sam 山姆·格林利 108, 110

Grievances 怨恨 127-130

H

Hamas 哈马斯 20, 98, 114

Harassment 骚扰 100-101

Hate crime 仇恨犯罪 29, 103, 126

Heresy 异端 64-69

Hitler, Adolf 阿道夫·希特勒 23, 95, 97, 120

Hofstadter, Richard 理查德·霍夫施塔特 86, 88, 151

Hogg, Michael A. 迈克尔·A. 霍格 133, 136

I

Identity 身份认同 24-26, 51-57, 61-64

Ideology 意识形态

  definition of ～的定义 26-28, 156

  why it works ～为什么有效 138-143

Immigration 移民 32, 34-36, 43, 89, 92, 135, 152

Ingram, Haroro J. 哈罗罗·J. 英格拉姆 99

In-group 内群体

  definition of ～的定义 51-56

  eligible 适任的～ 62

  extremist 极端主义的～ 62

ineligible 失格的~ 63

Inquisition 宗教审判 11, 69, 105

Insurgency 叛乱 106

Internment 监禁 4, 76, 105

 of Japanese-Americans 日裔美国人的~ 105

Iran 伊朗 16

Iraq 伊拉克 18, 42, 61, 95, 104, 106, 140, 162, 164

Irenaeus 爱任纽 65-69

Islamic State, ISIS 伊斯兰国 19-20, 41-42, 62-63, 95-96, 104-106, 114, 119-120, 140, 142, 148, 153, 157, 159, 162, 164

Israel 以色列 7, 20, 58-60

J

Jihad "圣战" 18, 79, 120

Jihadism "圣战主义" 2, 4, 9, 16-19, 25, 40-42, 106, 114, 119, 130, 136, 148, 153, 156, 159, 167

Jim Crow laws 吉姆·克劳法案 46, 102

John Franklin Letters, The (book) 《约翰·富兰克林书信》(图书) 111

Jost, John T. 约翰·T. 约斯特 134

K

Kaczynski, Ted (Unabomber) 泰德·卡辛斯基（大学航空炸弹客） 39, 117

Kharijites 哈里哲派 8-10

Kiernan, Ben 本·基尔南 6

Kramer, Roderick M. 罗德里克·M.克莱默 134

Ku Klux Klan 三K党 140

L

Learning bias 学习偏置 132-134

M

Martyr, Justin 查斯丁 65

McKinley, William 威廉·麦金利 15

McVeigh, Timothy 蒂莫西·麦克维 129

Men's Rights Activists (MRAs) 男性权利活动家 40

Minneapolis (MN) 明尼阿波利斯 115

Molenbeek, Belgium 比利时的莫伦贝克 115

Mongols 蒙古人 116

Mujahideen "圣战者" 16

Muslim Brotherhood 穆斯林兄弟会 2

Myanmar 缅甸 20, 116, 156

N

Nationalism 民族主义 6-7, 14-15, 17, 34-36

Nazism 纳粹主义 2, 14-15, 29, 32, 42, 95, 106-107, 120, 147, 160

Northwest Territorial Imperative 西北领土令 102

O

Oklahoma City bombing 俄克拉荷马城爆炸案 90, 110, 129

Oppression 压迫 34, 105-106, 115, 127

Out-group, definition of 外群体的定义 56-57

P

Palestine 巴勒斯坦 20, 78, 114

Paranoid Style in American Politics, The (book) 《美国政治中的偏执狂风格》(图书) 86-88

Pierce, William Luther 威廉·卢瑟·皮尔斯 110

Protocols of the Learned Elders of Zion, The (book) 《锡安长老会纪要》(图书) 96-110

Prototypes (prototypical identities) 原型(原型身份) 54, 64, 83, 133

Purity/impurity 纯洁/不洁 6, 10, 15, 64, 83-84, 112

R

Radicalization 激进化

 causes of ～的原因 113-116, 131-138

 definition of ～的定义 46-48

 of groups ～的群体 121-123

 of individuals ～的个体 123-127

Roman Catholic Church 罗马天主教会 10-11, 35, 61, 66, 76, 107, 120

Rwanda 卢旺达 15, 156

S

Saudi Arabia 沙特阿拉伯 16, 78

Segregation 隔离 102

September 11, 2001　2001年9月11日　18, 78, 153, 157, 162, 166

Sepúlveda, Juan Ginés de　胡安·希内斯·德塞普尔韦达　12

Sexual identity　性别认同　40-43

Sexual orientation　性取向　40-43

Slavery　奴隶制　2, 12-14, 42, 89, 102, 105, 164

Social identity theory　社会认同理论　24

Solutions　对策　76, 79, 85, 99-111, 124-126, 161

Soviet Union　苏联　16

Spook Who Sat by the Door, The (book)　《坐在门口的幽灵》（图书）　108-111

Sri Lanka　斯里兰卡　116

State of the Ummah, The (film)　《乌玛之国》（电影）　78-79

Status quo　现状　87, 132, 134-136, 142

Stewart, Potter　波特·斯图尔特　1

Syria　叙利亚　19, 144, 130, 140, 164

T

Tajfel, Henri　亨利·泰弗尔　24

Terrorism　恐怖主义　2, 9, 29-31, 38-39, 44, 95, 103-105 110, 114

　causes of　～的原因　113-115

Triumphalism　必胜主义　94-96

Turner, John C.　约翰·C.特纳　24

Turner Diaries, The (book)　《特纳日记》（图书）　90-91, 110-111, 129

U

Uncertainty 不确定性 14, 87, 94, 134-143, 150-153

Uncertainty-identity theory 不确定性-身份认同理论 136-138, 143

United States 美国 4, 13-18, 20, 32-33, 35-36, 58, 78, 89-90, 97, 102, 109, 164

W

War 战争 106

White nationalism 白人民族主义 4, 25, 41-42, 45, 57-61, 84, 90, 107, 110, 119, 148, 156, 164, 167

Wirathu, Ashin 阿信·维拉图 20

Y

Yazidis 雅兹迪人 42, 106

Z

Zarqawi, Abu Musab al- 阿布·穆萨布·扎卡维 18

Zealots 奋锐党 7-8, 10

图书在版编目(CIP)数据

极端主义 /(美)J.M.伯杰著;黄屏译. — 北京:商务印书馆,2023(2025.7重印)
(交界译丛)
ISBN 978-7-100-22003-3

Ⅰ.①极… Ⅱ.①J… ②黄… Ⅲ.①恐怖主义—研究—世界 Ⅳ.①D815.5

中国国家版本馆 CIP 数据核字(2023)第082992号

权利保留,侵权必究。

极 端 主 义

〔美〕J. M. 伯杰 著
黄 屏 译

商 务 印 书 馆 出 版
(北京王府井大街36号 邮政编码 100710)
商 务 印 书 馆 发 行
山西人民印刷有限责任公司印刷
ISBN 978-7-100-22003-3

2023年6月第1版	开本 787×1092 1/32
2025年7月第4次印刷	印张 7¼

定价:60.00元